Knaur.

Über den Autor:

Anselm Bilgri, geboren 1953, studierte Philosophie und Theologie in München, Rom und Passau. 1980 wurde er vom heutigen Papst Benedikt XVI. zum Priester geweiht. Von 1986 bis 2004 war er Wirtschaftsleiter der Abtei St. Bonifaz in München und Andechs und von 1994 bis 2004 Prior im Kloster Andechs.

2004 verließ er das Kloster und gründete das Unternehmen Anselm Bilgri – Zentrum für Unternehmenskultur (AZU) in München, wo er Führungskräfte im Bereich Wertekompetenz ausbildet.

Anselm Bilgri

Entrümple deinen Geist

Wie man zum Wesentlichen vordringt

Knaur Taschenbuch Verlag

Besuchen Sie uns im Internet:
www.knaur.de

FSC
www.fsc.org
MIX
Papier aus verantwortungsvollen Quellen
FSC® C083411

Herausgegeben von Hans Christian Meiser

Vollständige Taschenbuchausgabe November 2010
Knaur Taschenbuch.
Ein Unternehmen der Droemerschen Verlagsanstalt
Th. Knaur Nachf. GmbH & Co. KG, München

Redaktion: Beate Koglin
Umschlaggestaltung: ZERO Werbeagentur, München
Satz: Adobe InDesign im Verlag
Druck und Bindung: CPI – Clausen & Bosse, Leck
Printed in Germany
ISBN 978-3-426-78000-8

2 4 5 3 1

Inhalt

Einleitung

Glaubt man den Medienberichten über den Büchermarkt, so haben Ratgeber und praktische Lebenshilfebücher Konjunktur. Warum also noch ein Buch zu diesem reichlich beackerten Feld? Noch dazu mit dem zugegebenermaßen zwar Interesse weckenden, aber dennoch etwas sperrigen Titel *Entrümple deinen Geist*? Neben der Tatsache, dass mich Hans Christian Meiser dazu angeregt hat, dieses Buch zu schreiben, wofür ich ihm hiermit danke, war es das Thema, das mich schon seit Jahren beschäftigt hat. In meiner über fünfundzwanzigjährigen Tätigkeit als Seelsorger und Prediger hat es mich immer weniger in Ruhe gelassen, dass gerade die christliche Religion, die unsere europäische Kultur hauptsächlich geprägt hat, mehr und mehr als Belastung denn als Hilfe für das Leben angesehen wurde.

Ich habe es als beschämend empfunden, wenn bei Gesprächen und Diskussionen immer wieder die sattsam bekannten Vorwürfe erhoben wurden, das Bodenpersonal des lieben Gottes komme vorzugsweise mit dem erhobenen Zeigefinger auf die Menschen zu – wenn es überhaupt noch auf Menschen zugehe. Vor allem die moralischen Imperative »Du sollst!« beziehungsweise »Du musst!«, »Du darfst nicht!« erwiesen sich neben rein rationalen, sogenannten wissenschaftlichen Argumenten als die Haupthindernisse für einen vorurteilsfreien Zugang zum Wesen des Christentums.

Eugen Biser, einer der anregendsten Theologen unserer Tage, weist immer wieder auf dieses Missverständnis hin, wenn er sagt, das Christentum sei im Gegensatz zum Judentum und zum Islam keine moralische, sondern eine therapeutische Religion. Damit stößt er sozusagen in unser Horn. Was Jesus sagt und tut, seine Verkündigung und seine Handlungen, sind vor allem Therapie, sie sind heilend, das heißt, sie entlasten und befreien, sie entrümpeln Geist und Seele. Sie sind vor allem auf ein sinnvolles und erfülltes Leben ausgerichtet, sie sind echte Lebenshilfe, um in unserer Sphäre zu bleiben. Der Jesus des Johannesevangeliums drückt dies mit dem kurzen und eindrücklichen Wort aus: »Ich will, dass sie das Leben haben und es in Fülle haben.« (Johannes 10,10) Es geht ihm also um ein »Leben in Fülle«, ein erfülltes Leben. Damit reiht er sich ein in die große Tradition aller Denker und Helfer der Menschheit, die den Menschen dabei die Hand reichen wollen, die Glückseligkeit, die »eudaimonia«, durch rechtes Denken, Fühlen und Handeln zu erlangen – vor allem in Bezug zur unbelebten und belebten Umwelt, in den sozialen Bezügen zu den Mitmenschen und im Verhältnis zur Transzendenz, zum Göttlichen.

Dieser Eudämonismus, die Hochschätzung der Glückseligkeit, und die Lehre über den rechten Weg zu ihr, sie sind es, die ich mit diesem Buch als einen Teil unserer Kultur und Tradition wiederzuentdecken helfen möchte. Es geht hier also nicht vorrangig um eine Apologie des Christentums, um seine Verteidigung – das hat es auch gar nicht nötig –, sondern um einen neuen Zugang (unter vielen möglichen!) zu dieser Religion, der ihren »Anwendernutzen« für Menschen unserer Tage aufzeigen will, um es einmal mit einem wirtschaftlich-technischen Begriff auszudrücken. Dabei kann ich auf eine lange Überlieferung zurückgreifen, die Ähnliches immer wieder einmal auch schon früher unternommen hatte. Dreißig Jahre lang hatte ich Gelegenheit, eines dieser »Rezeptbücher« für das gelingende Zusammenleben im Geist des Christentums sozusagen am eigenen Leib auszuprobieren, nämlich die Klosterregel des Benedikt von Nursia[1]. Er hat für Mönche, die »unter Regel und Abt« – das heißt, modern gesprochen, mit einer wert- und zielorientierten Organisations- und Führungskultur – leben und arbeiten wollen, ein bis heute flexibel einsetzbares Lebenshilfebuch geschaffen, das nach seinen eigenen Worten für jeden, »wer immer du bist«, nutzbringend angewandt werden kann. Mein Abt Odilo Lechner, den ich hier dankbar erwähnen möchte, hat mir die Augen dafür geöffnet, dass Benedikt auch ein Lehrmeister für Menschen und ihre Lebens- und Arbeitswelt außerhalb von Klostermauern sein kann.

Vielleicht wird die große Zeit dieser Regel erst in der Zukunft kommen, wenn unsere Wirtschaftswelt sich auf die notwendige »Work Life-Balance« zurückbesinnt, die ihre Grundform schon in der alten Zusammenfassung dieser Regel in dem Motto »ora et labora« bekommen hatte. Dass die Welt der Arbeit und der Ökonomie gleichwertig mit der Welt des Geistes und der Seele ist und von dieser Balance ihre eigentliche Würde bekommt, kann in einer Zeit, in der sich diese für den modernen Menschen so wichtigen Lebensbereiche angeblich gegenseitig ausschließen, nicht oft genug betont und in Erinnerung gerufen werden.

Mir selbst hat sie in achtzehn Jahren Tätigkeit als Wirtschaftsleiter im Kloster Andechs geholfen, erfolgreich zu wirtschaften, immer besser zu lernen, mit Menschen umzugehen, dabei das gemeinsame Gebet, das heißt die Erinnerung des Lebensgrundes, zu pflegen und die zur geistigen und seelischen Pause anregende »lectio divina«, die lesende Beschäftigung mit göttlichen Dingen, nicht zu vernachlässigen. Inzwischen ist es mir zum Beruf geworden, den uralten Weisheiten der Mönche Gehör zu verschaffen für ein sinnstiftendes und damit erfolgreiches Berufs- und Wirtschaftsleben in unserer als schnelllebig und hektisch verschrienen Ökonomie. Verschiedene Beispiele aus meiner Praxis als Berater von Managern und Unternehmern werden mir dabei helfen, das Empfohlene zu illustrieren.

Die Benediktsregel wird von einem benediktinischen Theologen unserer Tage sogar als ein fünftes Evangelium, nämlich das »Evangelium nach Benedikt«, bezeichnet. Sie will eigentlich nichts anderes, als das Gebot der Gottes- und Nächstenliebe in einer Gemeinschaft von Menschen lebbar machen. Sie schöpft in ihren konkreten Weisungen aber nicht nur aus der Tradition der jüdisch-christlichen Bibel, sondern auch aus der Weisheit der Antike, die uns gerade in den Klosterbibliotheken des Mittelalters bewahrt wurde. Die griechisch-römische Philosophie mit ihrem Bemühen um Welterklärung und Vermittlung von Lebenwissen, dem Ideal vom »Wahren, Guten und Schönen« ist mir persönlich in den letzten Jahren immer mehr ans Herz gewachsen. Unser breitgefächerter Wissenskanon lässt sich ohne die gar nicht so bescheidenen Anfänge des abendländischen Denkens nicht begründen. Ein Philosoph des zwanzigsten Jahrhunderts meinte sinngemäß einmal, alle geäußerten und geschriebenen Gedanken seit Plato seien nichts anderes als Fußnoten zu seinem Werk. Dabei sind es besonders zwei scheinbar gegensätzliche Wege beschreitende Gestalten, die zu meiner regelmäßig benützten Lektüre gehören: zum einen Epikur, der verkannte und zu Unrecht als Hedonist gebrandmarkte »Philosoph des Gartens«, und zum anderen der Stoiker Seneca, der auch als Geschäftsmann erfolgreiche Erzieher des späteren Kaisers Nero.

Seit den Anfängen des Christentums in der Antike und in einer Verdichtung im Hochmittelalter sind es vor allem die Mystiker, die aus dem Geist der religiösen Verinnerlichung heraus neue Zugänge in Theologie und Philosophie eröffnen. Sie wollen Gott weniger denken und erklären, sondern anderen Menschen vielmehr über ihren Zugang der *Erfahrung* Gottes berichten und sie ermuntern, diesen Weg selbst zu gehen. Oft genug überschreiten sie damit die Grenzen des Sagbaren und geraten in die Fänge kirchlicher Orthodoxie, die mit Ängstlichkeit und Argwohn über ihre Deutungshoheit der Verkündigung Jesu wacht. Die deutsche Mystik, allen voran Meister Eckhart, ein Dominikanermönch in der Wende vom dreizehnten zum vierzehnten Jahrhundert, geht erstaunliche Wege in ihrer Gottesrede. Einem späten Schüler dieser Mystiker des Mittelalters, Angelus Silesius, dem schlesischen Konvertiten und Priester Johannes Scheffler, verdanken wir auch den Untertitel dieses Buches. In seinem Hauptwerk, dem *Cherubinischen Wandersmann,* das aus gereimten Aphorismen in Form von meist zweizeiligen Epigrammen besteht, schreibt er im Zweiten Buch: »Mensch werde wesentlich: denn wann die Welt vergeht/so fällt der Zufall weg, das Wesen das besteht.« Und an anderer Stelle: »Der Zufall muss hinweg und aller falscher Schein: /du musst ganz wesentlich und ungefärbet sein.«

In der barocken Sprache des Jahres 1675, in dem sein Buch erschienen ist, bedeutet das Wort Zufall vor allem das Nebensächliche, Zufällige, Unwesentliche. Und mit »ungefärbet« meint Angelus Silesius, der Mensch soll sich nicht schminken und mehr scheinen als sein wollen. Das Wesentliche besteht also in dem, was bleibt, wenn der bloße Schein der Welt vergeht, das, was den Wesenskern des Menschen ausmacht. Dieser bloße Schein ist also das, was den Blick auf das Wesentliche verstellt.

In unserer Erfahrung nehmen wir wahr, dass wir im Leben neben jenen Dingen, die uns schon an Schwierigkeiten unserer eigenen Psyche mitgegeben sind, oft genug selbst noch sehr viel Unnötiges dazustellen. Denkweisen, Ansichten, Meinungen, die wir von anderen, von den Medien, von außen vermittelt bekommen und die oft genug, ohne dass wir uns dessen bewusst sind, zu Blockaden unseres Blicks auf das Eigentliche, auf das Wesentliche werden.

Es geht im Folgenden also hauptsächlich darum, einen klaren Blick auf das eigene Denken zu bekommen. Dies unterscheidet diesen Ratgeber auch von anderen, die das sofort praktisch Anwendbare in den Vordergrund stellen. Hier sollen dagegen Impulse für ein allmähliches Umdenken gegeben werden. Dabei möchte ich den – zugegebenermaßen subjektiv ausgewählten – Bereich der religiösen, konkret christlichen und abendländisch philosophischen Denktradition als Hilfsmittel für die Gestaltung eines erfüllten und erfüllenden Lebens in der Freiheit des modernen Menschen erfahrbar machen.

Das Wort Religion bedeutet in der geläufigsten Deutung »Rückbindung«. Ich möchte vermitteln, dass die Bindung an und die Ausrichtung auf ein höheres Ziel dabei helfen können, Freiheit gegenüber den sekundären Dingen des Lebens zu gewinnen. Diese sind wichtig, schön und gut, um Lebensräume zu gestalten, aber sie sind nicht das Letzte und Wesentliche. Dahin vorzudringen mit klarem Blick und Geist, das ist unsere immer wieder zu entdeckende Aufgabe im Leben. »Handle stets so, dass dein Tun und Lassen unter dem Aspekt der Ewigkeit Bestand haben!«

Was ich in den folgenden achtzehn Kapiteln aufzuzählen versuche, ist nicht erschöpfend, kann es gar nicht sein. Es ist nicht systematisch geordnet, sondern geht mehr von der eigenen Erfahrung und meiner Lebensgeschichte aus: als Münchener Wirtssohn, Gymnasiast, Student der Philosophie und Theologie, Mönch und Seelsorger, schließlich Wirtschaftsleiter eines Klosterbetriebes und seit neuestem selbständiger Unternehmer und Berater. Meine Erfahrung ist, dass das meiste, was ich einer Führungskraft eines Wirtschaftsunternehmens oder anderer Organisationen als Hilfe für ihre Aufgabe zu vermitteln versuche, auch für fast alle anderen Lebensbereiche gilt, in denen jemand Verantwortung übernehmen muss. Das Beispiel der Hausfrau und Mutter, die in einem gelungenen Werbespot stolz erzählt, dass sie ein kleines Familienunternehmen leitet, mag dafür genügen.

Am Ende eines jeden Kapitels wird das Thema in kurzen Imperativen wiederholt und noch einmal an den Grundappell erinnert, dass es darum geht, zum Wesentlichen vorzudringen. Dies geschieht mit einem Bild aus unserer alltäglichen Erfahrungswelt, dem Entfernen von Gerümpel, das sich vorzugsweise in den Speicher- und Kellerräumen, aber auch als Nippes im aktuellen Lebensraum ansammelt und nicht entsorgt wird, aber uns ständig das Gefühl vermittelt, dass wir etwas Belastendes und Unnötiges herumstehen haben. Ich weiß von einem Benediktinerkloster in Frankreich, in dem die Mönche alljährlich ihre Zellen wechseln müssen, einfach um sich immer wieder vom unnötigen Kleinkram, den jeder Mensch mit sich rumschleppt, trennen zu können. Eine andere Geschichte erzählt von einem mittelalterlichen Franziskanerbruder, der mit einer Harke im Garten arbeitet. Aus dem Fenster im ersten Stock ruft ihm sein Oberer zu, er sei in ein anderes Kloster versetzt worden. Der Gärtnerbruder stellt die Harke wortlos in die Ecke und macht sich fröhlich und ohne zu zögern auf den Weg zu seinem neuen Bestimmungsort.

Haben wir nicht alle die Sehnsucht in uns, so frei von allen Bindungen zu sein? Es wird sich nicht radikal verwirklichen lassen, aber uns immer wieder mal mit dem Entrümpeln, sozusagen mit dem Frühjahrs- oder Herbstputz unseres Geistes zu befassen, wird sicher guttun. Mit dem Wort des großen Mystikers Bernhard von Clairvaux: »Ich sage nicht, tu das immer! Ich sage nicht, tu das oft! Aber tu es immer wieder einmal!«

München, im März 2007

Anselm Bilgri

Kapitel 1

Erkenne, wo du bist

Jemand erzählte mir eine schöne Geschichte, von der ich nicht weiß, ob sie wahr ist. Wenn nicht, ist sie gut erfunden. Der Häuptling eines Indianerstammes aus einem Reservat wurde zu einer Besprechung zum Präsidenten der USA ins Weiße Haus eingeladen. Zum ersten Mal in seinem Leben bestieg er ein Flugzeug. Als er in Washington die Maschine verließ, setzte er sich am Rand des Rollfelds nieder und blieb einfach sitzen. Als man ihn fragte, was das zu bedeuten habe, antwortete er, er warte, bis seine Seele nachgekommen sei.

Diese Geschichte ist deshalb besonders lehrreich, weil sie die beiden Aspekte Raum und Zeit vereint. Zuallererst macht jeder Mensch an den Koordinaten von Zeit und Raum den Standort fest, an dem er sich gerade aufhält. Die heutige Situation scheint jedoch so zu sein, dass viele Menschen an mehreren Orten gleichzeitig sein wollen oder sich geistig woanders befinden, als sie leiblich sind. Wenn man aber den Geist entrümpeln und zum Wesentlichen vorstoßen will, muss man die Vorstellung aufgeben, viele Dinge gleichzeitig machen zu können.

Immer wenn man sich zum selben Zeitpunkt in verschiedenen Räumen aufhalten will, wird das Leben kompliziert. Man kann sich dann nicht einfach nur auf eine Sache, ein Thema oder Problem einlassen, und man ist vor allem nicht fähig, sich auf das Wesentliche zu besinnen. Die moderne Welt mit all ihren vielfältigen Angeboten bringt es mit sich, dass der Einzelne nicht unbedingt aus den Angeboten auswählt, sondern von der Werbung, den Medien oder anderen Dingen verführt wird, alles gleichzeitig haben zu wollen.

Zum Beispiel Liebe und Abenteuer. Man sucht die große Liebe fürs Leben und will aber gleichzeitig kein flüchtiges Abenteuer versäumen. Man möchte reisen und die Kontinente kennenlernen, aber permanent auch die Wochenenden mit erfüllter Freizeitgestaltung verbringen. Man möchte viel Geld verdienen, dieses aber horten und nicht ausgeben, während man dennoch gleichzeitig ein aufwendiges Leben führen und sich – das beginnt ja schon im Kindesalter – mit schicken, kunstvollen Dingen umgeben will. Der Mensch ist nicht mehr genügsam. Er fühlt sich minderwertig, wenn er nicht all das hat, was er interessant findet oder finden soll. Der berühmte Werbeslogan »mein Haus, mein Auto, mein Boot« ist ja nicht nur die Erfindung eines Marketingfachmannes, sondern greift die Stimmung der Gesellschaft auf. Bei der Werbung handelt es sich weitgehend um Vermittlung von Werten für eine große Masse unserer Zeitgenossen. Und dabei scheint das Materielle den Standort des Menschen zu bestimmen, jenen Ort, an dem wir uns vorfinden.

Um uns in dieser Situation zurechtzufinden, brauchen wir, um mit Bildern aus unserer technischen Erfahrungswelt zu sprechen, ein Lebens-GPS oder ein Lebens-Navi, ein Navigationssystem mit ähnlichen Informationen, die uns die heutigen Navigationssysteme in den Autos oder auf den BlackBerrys übermitteln. Wir können den schnellsten oder den kürzesten Weg wählen, wir können wählen, ob wir auf der geradlinigen Lebensautobahn fahren oder die romantischen Landstraßen des Lebens entlangreisen wollen. Es gibt Straßen mit Maut, Straßen mit Fähren oder auch ohne. Verkehrsstörungen werden angezeigt und wie wir sie umfahren können. Es ist die Sehnsucht vieler Menschen, für das eigene Leben ein Navigationssystem zu besitzen, und es ist sicher auch wichtig und richtig, so etwas für sich selbst zu entwickeln.

Bevor es GPS (Global Positioning System) gab, besaßen wir in der Postkutschenzeit noch die Landkarten des Lebens. Heute rasen wir eher auf den Autobahnen dahin und wissen nicht einmal, welches Ziel wir vor Augen haben. Dieses Ziel ist nicht mehr definiert, wie es vielleicht in früheren Zeiten der Fall war. Stattdessen sehnen wir uns nach der Unendlichkeit. Stichworte für diese Unendlichkeit des Lebens sind heute: Anti-Aging, Better-Aging, Successfull-Aging. Wir fahren auf der Autobahn unseres Lebens immer geradeaus und sehen nicht mehr, dass es links und rechts auch wunderbare Plätze zum Verweilen gäbe. Die Autobahn endet nie, sie führt immer weiter. Am Zielpunkt, so man einen hat, muss man sie an einer Ausfahrt verlassen. Doch die Autobahn fängt wahrscheinlich dort wieder an, wo der Mensch dachte, dass sie zu Ende sei. Und deshalb bewegen wir uns jetzt endlos im Kreis wie ein Astronaut im Weltall, der in seiner Raumstation die Umlaufbahn nicht verlassen kann. Der Mensch kommt nicht zu seiner Bestimmung, was mit der Landkarte des Lebens noch möglich gewesen zu sein scheint. Er befindet sich auf einer Umlaufbahn um den eigentlichen Kern des Lebens und lebt es eigentlich nicht wirklich. So bekommt der Mensch den

Eindruck, er werde gelebt. Abgelenkt von allem, was ihm die Welt offeriert, vergisst er letztlich sich selbst, weil er vor lauter Geschwindigkeitsrausch und Ortswechseln verwirrt und zu einer Entscheidung nicht mehr fähig ist.

Es ist uns heute möglich, in sehr kurzer Zeit weite Entfernungen zu überwinden. Bleibt da nicht manchmal die Seele auf der Strecke? Mir geht es ja ähnlich. Durch meine neue berufliche Tätigkeit als Vortragender und Ratgeber bin ich oft auf Reisen. Alle Flughäfen und alle Bahnhöfe, alle Hotelzimmer sehen gleich aus. Ich nehme mir immer eine Landkarte mit, um wenigstens auf diese Weise eine Ahnung davon zu erhalten, in welchem Teil Deutschlands ich mich gerade befinde. Sosehr es zu Anfang einem ehemaligen Benediktinermönch Spaß bereiten kann, ohne schlechtes Gewissen unterwegs zu sein, so sehr erschreckt es einen doch, wenn man morgens beim Klingeln des Weckers im ersten Moment nicht mehr weiß, an welchem Ort man sich gerade befindet.

Benedikt von Nursia (um 480–547) lässt seine Mönche bis heute ein besonderes Gelübde ablegen, das der stabilitas, der Beständigkeit. Gewöhnlich zitiert man diese Eigenart des benediktinischen Mönchtums mit dem Begriff der stabilitas loci, der Ortsbeständigkeit. Eigentlich meint der Ordensgründer aber die stabilitas in congregatione, die Beständigkeit in einer Gemeinschaft. Er definiert damit einen Gegenbegriff zu den beiden »ganz abscheulichen« Abarten des frühen Mönchtums, die diese Lebensform des Christentums in der Anfangszeit in Verruf zu bringen drohten.

Dies waren zum einen die Sarabaiten, die Regellosen, die eine verbindliche gemeinsame Lebensregel ablehnten, und zum anderen die Gyrovagen, wörtlich übersetzt: die in der Welt Umherschweifenden, also die Ortlosen. »Semper vagi et numquam stabiles … Immer unterwegs, nie beständig, sind sie Sklaven der Launen ihres Eigenwillens und der Gelüste ihres Gaumens.« Ihre Unbeständigkeit ist Zeichen der Acedia, der inneren Ruhelosigkeit, der typischen seelischen Anfechtung der Mönche. In der Völkerwanderungszeit, in der Benedikt von Nursia seine Regel schrieb, hatte diese Forderung noch ein zusätzliches Gewicht, war sie doch ein äußeres Zeichen des Halts und der Ruhe in einer unruhigen Zeit, in der alle äußerliche Ordnung in Staat und Gesellschaft zu wanken begann.

In unserer Zeit, die von den Forderungen der Flexibilität und Mobilität geprägt wird, ist es gut, sich diesem Ideal der Stabilität und Ruhe zu stellen. Sosehr ein flexibles Handeln und ein mobiles Agieren zukunftsorientiert sein mögen, so sehr ist dem Menschen die Verwurzelung im Humus, dem Nährboden der Tradition und Beheimatung, gemäß. Der Philosoph Odo Marquard bringt diesen Zusammenhang auf den Punkt, wenn er sagt: »Zukunft braucht Herkunft.« Der Mensch benötigt immer wieder Zeiten und Orte auf dem Weg des Lebens, die es ihm ermöglichen, innezuhalten und Atem zu holen, sich der Vergangenheit und Herkunft zu vergewissern, um Kraft für die Zukunft zu schöpfen und Wegweisung für die Bewegung im Raum zu finden. Hic et nunc: hier und jetzt, Gegenwart und Verortung, das ist der Schnittpunkt der Zeit- und Raumkoordinaten, von dem es in alle Himmelsrichtungen auseinandergehen mag. Jeder Seelsorger, Therapeut und Coach kennt genügend Beispiele von Menschen und Managern, die an einer modernen Form dieser Acedia, der inneren und äußeren Ruhelosigkeit, dem Davonlaufen vor sich selbst, leiden.

Ich erinnere mich an Horst P., einen Mittvierziger, Geschäftsführer eines mittelständischen Betriebs der Auto-Zulieferindustrie, der an einem unserer Kurse in einem Benediktinerinnenkloster teilnahm. Er war mir schon von Anfang an aufgefallen wegen seines unruhigen Blicks, ich hatte den Eindruck, er sei gar nicht richtig anwesend. In jeder kurzen Kaffeepause lief er aus dem Tagungsraum und telefonierte aufgeregt mit seinem Handy, auf das er schon während der Arbeitseinheit immer wieder mal einen Blick geworfen hatte. Schon bei der Vorstellungsrunde erzählte er, seine Frau habe ihm die Teilnahme an unserem Seminar zu Weihnachten geschenkt, da sie glaube, ein paar Tage im Kloster täten ihm gut. Es fiel ihm schwer, bei dem kurzen Mittagsgebet der Nonnen die Texte des Stundenbuches wenigstens still mitzulesen, zappelig blätterte er im Buch ständig nach hinten und vorne. Auch am Abend bei unserer Rekreation im Kellerstüberl des Klosters fiel er mir durch seine fahrige und überlaute Beteiligung an unseren Gesprächen und Diskussionen auf. Er tat mir einfach leid, man konnte es förmlich spüren, wie sehr er sich am Überangebot an Zeit und dem Verweilen an einem Ort abmühte und rieb.

Als wir zu unserer Einheit »Work-Life-Balance« kamen und ich über die sinnvolle Einteilung der Zeit und dem, was mit stabilitas gemeint ist, sprach, bemerkte ich bei ihm zum ersten Mal, dass ich ihn an einem wunden Punkt berührt hatte. Er warf mir einen kurzen Blick zu, in dem ich seine Betroffenheit lesen konnte. Von da an nahm er konzentrierter an unseren Sitzungen teil. Ich spürte, er war noch nicht so weit, dass ich ihn direkt darauf ansprechen konnte. Doch zu meiner großen Überraschung bemerkte er bei der Feedbackrunde am Schluss des Kurses, er fahre doch sehr nachdenklich und mit Gewinn nach Hause. In der Atmosphäre des Klosters und in unserer Gruppenarbeit sei ihm bewusst geworden, wie wenig er »bei sich« sei. Dies ist ein Ausdruck aus der Lebensbeschreibung Benedikts von Nursia durch seinen Biographen Papst Gregor den Großen. Habitare secum, bei sich wohnen oder sein, das ist ein Ausdruck aus der Mönchstradition für »in sich ruhen«, mit sich im Reinen sein, es aushalten können mit sich. Horst P. war ein kleines Licht aufgegangen. Ich hoffe, er hat den Impuls genutzt, um sich ein bisschen zu ändern und damit ein neues Stück Lebensqualität zu gewinnen. Jedenfalls nahmen in der Folge einige Mitarbeiter aus seiner Führungsmannschaft an unseren Veranstaltungen teil.

Deshalb muss der Geist entrümpelt werden. Dabei hilft uns die Frage: Wie positioniere ich mich? Wo finde ich meine Position, meinen Standpunkt, meine Stelle, meine Verortung? Diese Frage zu stellen heißt, Verantwortung für mein Leben zu übernehmen. Und das wiederum bedeutet zu entdecken und zu wissen, wo meine Wurzeln sind, woher ich komme, wo ich jetzt in diesem Augenblick verwurzelt bin. Für viele Menschen ist das sicher ein Problem, weil sie in der Fülle, im Vielfachen ihres Lebens, die Verortung aus dem Blick verlieren oder nicht mehr wahrnehmen können. Die Institutionen, die dem Menschen sagen oder sagten, wo seine Position ist, verlieren an Glanz. Im Elternhaus beginnt dies. Es entschied schon darüber, welcher Religion der junge Mensch angehören wird, welchen Namen er tragen und welchen Ausbildungsweg er einschlagen wird. Die Eltern bestimmten, ob Sohn oder Tochter ein naturwissenschaftliches oder ein humanistisches Gymnasium besuchten, legten fest, auf welchem Weg die Orientierung zu finden war. Als Weiteres kamen dann vielleicht die Universität und über allem thronend auch noch die Kirche, die den Menschen Orientierung boten.

Durch die unendliche Vielzahl von spirituellen und geistigen Angeboten eröffnet sich uns heute zwar ein großes Feld der Wahlmöglichkeiten, aber wie ein Denker unserer Tage sagt: »Wir erfahren, dass wir zur Wahl verdammt sind!« Die Wahlfreiheit, deren wir uns heute erfreuen, wird nicht mehr unbedingt immer und überall positiv verstanden, weil sie den Menschen angesichts der ungeheuer vielen Möglichkeiten verwirrt. Das Problem ist, dass jeder Weg, der einmal eingeschlagen wird, nicht unbedingt reversibel ist und einfach zurückgegangen werden kann. Es kann auch unmöglich scheinen, einen neuen Weg einzuschlagen.

Entrümpelung des Geistes bedeutet, den Menschen zu helfen, eine klare Entscheidung innerhalb der Fülle der Wahlmöglichkeiten zu treffen; dabei aber sollte die Chance, überhaupt wählen zu können, als ein konstitutives Element unserer neuzeitlichen Gesellschaft verstanden und bewahrt werden. Verwirrt werden wir durch die Vielfalt der Möglichkeiten. Diese Erfahrung kann jeder moderne Mensch leicht machen, wenn er im Urlaub auf das heimatliche Fernsehen und auf die gewohnte Zeitung verzichtet und sich überhaupt nicht darum kümmert, was zu Hause los ist. Man kann vier Wochen Urlaub machen und nichts davon mitbekommen, dass eine Fußballweltmeisterschaft stattfindet oder in einem Krisengebiet ein Krieg ausgebrochen ist. Jeder hat schon einmal die Erfahrung gemacht, dass er genau dadurch seine Seele beruhigen und mit klarem Geist wieder aus dem Urlaub zurückkehren kann. Wenn ich mich jedoch auch in den Ferien permanent mit dem, was überall in der Welt passiert, beschäftige, werde ich die Erholung, die Geist, Körper und Seele benötigen, nicht finden. Wenn ich das Angebot des kurzzeitigen Aussteigens nur auch wieder mit den vielfältigen Angeboten der Animateure überdecke, wird sich kein echter Erholungseffekt für die Seele einstellen.

Es ist nötig, immer wieder eine geistige Standortbestimmung innerhalb der Vielfalt vorzunehmen, die an sich ja keineswegs als schlecht angesehen werden sollte. Die Schwierigkeit des modernen Individuums besteht darin, dass es auswählen muss, und wir verhalten uns häufig wie der Esel, der genau in der Mitte zwischen zwei Heuhaufen steht und verhungert, weil er sich weder für den linken noch für den rechten entscheiden kann. Dabei gibt es eigentlich niemanden, der uns zu dieser Entscheidung drängt. Hier kann die Unterscheidung zwischen Freiheit und Willkür hilfreich sein. Willkür meint, ich tue, was ich will, Freiheit heißt, ich tue, wozu es mich innerlich nötigt.

Michael Ende hat das sehr schön in seiner *Unendlichen Geschichte* ausgedrückt. Bastian, die Hauptfigur, bekommt von der Kindlichen Kaiserin ein Amulett um den Hals gehängt, auf dem zu lesen ist: »Tue, was du willst!« Und er interpretiert das falsch und meint, jetzt, da ihm die Welt offenstehe, könne er einfach tun, was er will. Er scheitert daran, aber am Schluss entrümpelt er doch seinen Geist. In diesem Fall heißt das, er muss erkennen, was er will, worin sein wirklicher Auftrag in diesen siebzig, achtzig, neunzig Jahren besteht, in denen der Mensch auf der Erde weilt.

Was auf dem Amulett in Michael Endes *Unendlicher Geschichte* steht, hat fast zwei Jahrtausende vor ihm mit einem noch schöneren Ausdruck der große Kirchenvater Augustinus prägnant formuliert: »Ama et fac quod vis! Liebe und tue, was du willst!« Bei ihm kommt zum intellektuellen Durchdringen des Lebensauftrags noch die Grundeinstellung der Liebe hinzu. Eine liebende Hingabe an das Ziel des Lebens meint er damit. Für ihn ist dieses Ziel unzweifelhaft Gott. In der Ikonographie wird dieser große Lehrer der ungeteilten Christenheit mit einem brennenden Herzen dargestellt. Man muss für seine einmal erkannte Bestimmung in Liebe entbrennen. Das Wort Liebe hat einen ungeheuren Facettenreichtum, hier meint es wohl vor allem ein grundsätzliches Wohlwollen, verbunden mit selbstloser Hingabe. Wenn einem dieses gelingt, kann man seinen Ort in dieser Welt auf der Karte des Lebens finden und es dort aushalten.

- Entrümple deinen Geist!
- Dringe vor zum Wesentlichen!
- Erkenne, wo du bist!
- Verorte dich äusserlich und geistig in deinem räumlichen und zeitlichen Umfeld!
- Wohne bei dir selbst!
- Liebe und tu, was du willst!

Kapitel 2

Erkenne, was du bist

Ohne Zweifel wird sich der Mensch selbst als ein Lebewesen erkennen. Er findet sich in einer Welt vor, die er selbst einteilt in eine unbelebte und eine belebte Sphäre. Er erkennt darüber hinaus das allgemein Menschliche, das eingebettet ist in die Gesamtheit seiner Umwelt – religiös musikalische[2] Menschen werden sagen: in Gottes Schöpfung. Er entdeckt seine vielfachen Beziehungen zu dieser Umwelt. Die Philosophie nennt uns folgende Urfragen der Menschheit: Woher kommen wir? Wer sind wir? Wohin gehen wir? Nicht nur wenn man die Evolutionstheorie als ein Erklärungsmodell für die Entstehung und Vielfalt des Lebens akzeptiert, erfährt sich der einzelne Mensch als ein Teil eines großen Ganzen. Diese existenzielle Erfahrung müsste uns immer wieder dazu anregen, darüber nachzudenken, was der Mensch eigentlich sei!

Rein naturwissenschaftlich betrachtet, sind wir ein Konglomerat von Atomen, bestehend aus Kohlenstoff, Sauerstoff und Wasserstoff. Doch treten beim Menschen noch die Fähigkeiten zur Selbstreflexion und damit zur Transzendierung des rein Materiellen und Sichtbaren hinzu. Dies ist allen Menschenwesen gemeinsam, weshalb gerade diese Sichtweise die Frage etwa nach rassischer Zugehörigkeit völlig überflüssig machen müsste. Um es an einem drastischen Beispiel zu verdeutlichen: Wenn wir an einem Metzgerladen vorbeigehen, wo noch geschlachtet wird und die Schweinehälften an den Haken hängen, müssten wir uns bei nachdenklichem Betrachten eingestehen: »Schau genau hin, so ganz anders würdest du selbst auch nicht aussehen!« Wenn allen Menschen die Haut abgezogen würde und damit die individuelle Gesichtsform nicht mehr erkennbar wäre, nähmen wir rein äußerlich auf den ersten Blick keinen großen Unterschied mehr wahr.

Rein anatomisch gibt es das Skelett, die Muskulatur, den Verdauungstrakt, zwei Lungenflügel, das Herz, das Hirn und diverse andere Organe, und wenn wir bedenken, was wir sind, würde das Leben schon sehr viel einfacher sein.

Dieser Gedanke hilft manchmal, aus dem täglichen Dasein und dem Vielerlei auszusteigen, und viele Religionen empfehlen ihn ja auch in ihren Anleitungen zu Gebet und Meditation. Es geht darum, unseren Status als Mensch zu bedenken, uns bewusst zu machen, dass wir nichts sind als Staubgeborene, die aus Kohlenwasserstoff, einigen anderen Elementen und fast siebzig Prozent Wasser bestehen. Die katholische Kirche kennt ein Ritual, das jeden Aschermittwoch vollzogen wird. Die Gläubigen werden mit Asche bestäubt und dabei mit dem Bibelwort aus der Schöpfungsgeschichte konfrontiert: »Bedenke, o Mensch: Staub bist du, und zu Staub kehrst du zurück.« Ein Wort, das auch bei der Beerdigung gesprochen wird, wenn Priester und Gläubige Erde auf den Sarg werfen.

Die Besinnung auf diese Wahrheit würde sehr viel dazu beitragen, zu erkennen, dass alle Menschen gleich sind. Es macht eindringlich bewusst, dass alle Menschen, ja sogar alle Mitgeschöpfe unsere Brüder und Schwestern sind. Die stoische Philosophie mahnt zu einer Ethik nach der Maxime: secundum naturam vivere – gemäß der Natur zu leben. All das kulturelle Gerümpel der Unterscheidung von Menschen in Rassen und Nationen könnte man dann erst einmal beiseiteräumen; auch die Einteilung der Gesellschaft in Klassen, Stände oder Schichten. Im Vorfeld der Französischen Revolution wurde oft der Spruch genannt: »Als Adam grub und Eva spann, wo war denn da der Edelmann?« Dies war die Geburt des Gedankens der Egalité und Fraternité, der Gleichheit und der Brüderlichkeit.

Im Sommer 2006 erlebte Deutschland eine einzigartige Situation. In einem Bereich, der sich sonst weitgehend der Philosophie und der Politik, der Wissenschaft und der Religion zu entziehen scheint, wurde urplötzlich sichtbar, wie Gleichheit und Brüderlichkeit die Menschen über konkurrierende Nationalitäten hinweg verbinden können. Es war die Fußballweltmeisterschaft, die dieses einigende und gemeinschaftliche, freundschaftliche Gefühl zwischen den unterschiedlichsten Menschen entstehen ließ. Darin besteht auch die ursprüngliche Idee der Olympischen Spiele der alten und der neuen Zeit: Die Jugend der Welt soll sich zu einem freundschaftlichen Wettkampf treffen. Leider sind oft genug die fünf Ringe der olympischen Flagge zu Demonstrationen der politischen Stärke missbraucht worden. Aber anders bei der Fußballweltmeisterschaft 2006: Deutschland ist plötzlich aufgewacht, zur Verwunderung aller Medien und Feuilletons.

Vielleicht wurde bei allem Enthusiasmus eines übersehen: Die Altersgruppe, die die Begeisterung der WM geprägt hat, war die junger Menschen zwischen fünfzehn und fünfunddreißig. Sie konnte man im Fernsehen Fähnchen schwenkend, singend und jubilierend sehen und nicht die Sechzigjährigen. Letztere wurden zwar mitgezogen und mitgerissen, aber sie waren nicht diejenigen, die diese Begeisterung entfachten und trugen. Die jungen Menschen, die ohne die Last der Geschichte und Erinnerung an die Kriegszeit aufgewachsen sind, haben erkannt, wie unsinnig es ist, dass zwischen Nationen Krieg herrschen soll. Ihnen ist vielleicht ohne große Reflexion bewusst geworden: Das Dasein ist schon schwierig genug, und wichtig ist vor allem eins: Die wenigen Jahre, die uns gegeben sind, sollten wir sinnvoll gestalten und das Leben als freudiges Ereignis erleben.

Es ist schon sehr erschütternd zu lesen, dass fast gleichzeitig auf anderem Gebiet die alten nationalen Ressentiments wieder auferstehen. Selbst innerhalb der Europäischen Union, die ja gerade mit dem erklärten Willen als ein Projekt auf den Weg gebracht wurde, das die jahrhundertelang verfeindeten Völker Europas versöhnen und einigen will. Wenn zum Beispiel die neue polnische Regierung jetzt plötzlich wieder beginnt, das deutsche Volk als den alten, die eigene Existenz bedrohenden Erzfeind zu betrachten. Auf der anderen Seite ist es gerade uns Deutschen und den Franzosen gelungen, dieses Bild der Einheit durch die deutsch-französische Freundschaft als Kern der Europäischen Union zu einem Zeichen dafür zu machen, dass Frieden möglich ist. Auch zwischen Völkern und Nationen, von denen man glaubte, dass sie seit unvordenklichen Zeiten einander feindlich gesonnen seien.

Viele kriegerische Auseinandersetzungen finden oft deshalb statt, weil die Gegensätze zwischen den Kriegführenden künstlich hochgespielt werden. Hätte man 1939 einen russischen Bauern gefragt, ob er einem deutschen Bauern seinen Acker wegnehmen wolle, hätte er sicher nein gesagt, und trotzdem gab es Krieg. Warum? Weil Menschen von Politikern regiert werden, die zum Teil auch ihre eigenen Interessen und die ihrer politischen Gruppierungen durchsetzen wollen. Politiker haben oft einen Tunnelblick, sie erkennen nicht, was sie eigentlich sind: Diener des Volkes. Es geht oft der Gaul mit einem durch, es mangelt an der stoischen Haltung der Gelassenheit, am Denken daran, dass der Mensch sterblich ist und dass es deshalb Unsinn ist, Krieg zu führen und gegen andere vorzugehen.

Ich selbst durfte das im Kleinen erleben, als mich Mitte der siebziger Jahre mein Abt zum Studium der Theologie in das Internationale Kolleg der Benediktiner S. Anselmo auf dem Aventin in Rom schickte. Es liegt an der Piazza Cavalieri di Malta gegenüber der Stadtvilla der Malteser; durch das Schlüsselloch ihres großen Tores hat man den berühmten malerischen Blick auf die Kuppel des Petersdoms. Hier lebten zu meiner Zeit über hundert junge Benediktiner aus allen Kontinenten zusammen mit ihren Professoren in einer Lebens-, Gebets- und Lerngemeinschaft. Es gab Afrikaner aus der strengen französischen Tradition des Benediktinertums, aber auch Afrikaner aus einem von Deutschen gegründeten Kloster der Missionsbenediktiner, junge Mönche aus Indien, deren Gemeinschaft von portugiesischen Ordensbrüdern gegründet worden war, Koreaner, Engländer, Nord- und Südamerikaner, natürlich viele Italiener und uns Bayern mit unserer kulturellen Tradition.

An hohen Festen musste ich natürlich Andechser Bier mitbringen, am St. Patrick's Day merkte man den irischen Mönchen an, dass sie den Festtag ihres Nationalheiligen nach Landessitte mit Whiskey begossen hatten, und jeden Sonntagnachmittag lud die österreichische Fraktion zum Kaffee mit einer »Mehlspeis«. Gemeinsam trafen wir uns abends in der Kirche, um lateinisch miteinander die Vesper zu singen. Es war eine unkomplizierte Einheit zu spüren über alle kulturellen Unterschiede hinweg, vielleicht gerade weil das Benediktinertum im eigentlichen Sinn kein zentralistisch geführter Orden, sondern ein freiwilliger Zusammenschluss selbständiger Klöster ist. Der Abt-Primas, der seinen Sitz in S. Anselmo hat, ist von seiner Stellung her dem Generalsekretär der UNO oder dem deutschen Bundespräsidenten vergleichbar: Er ist eher Moderator und Repräsentant denn ein Ordensgeneral.

Alle leben in diesem internationalen Kolleg und in ihrem Heimatkloster nach der gemeinsamen Regel, und doch kann, darf und soll jedes Kloster seine Eigenarten am jeweiligen Ort und zu seiner Zeit mit einbringen. Benedikt verpflichtet den Abt in seiner Regel ausdrücklich, sie den jeweiligen Zeitumständen und kulturellen Gegebenheiten anzupassen. Das Wort »Vox temporis vox dei – der Anruf der Zeit ist der Anruf Gottes« –, erhält dort sein lebendiges Gesicht. Den Besonderheiten der Mönche und den Eigenarten der Klöster haben die Oberen in den verschiedenen Hierarchiestufen zu dienen. Subsidiarität in Reinform!

Noch eine kleine Geschichte aus dem Orden, um die kulturelle Vielfalt unter dem Dach des heiligen Benedikt zu demonstrieren. Auf einem der letzten Äbtekongresse, die alle fünf Jahre stattfinden, sollte über verschiedene Aspekte der benediktinischen Spiritualität im Wandel der Zeit diskutiert werden. Ein Problemfeld, das immer wieder auftaucht, ist das der klösterlichen Armut. Wie kann man sie überzeugend leben, wenn jedes Kloster gleichzeitig auf die Erwirtschaftung seines Lebensunterhaltes angewiesen ist? Da gibt es jahrhundertealte Stifte und Abteien mit nie säkularisiertem Grundbesitz neben Neugründungen inmitten der armen Bevölkerung Afrikas oder Asiens. Der Prior eines kleinen Klosters auf dem indischen Subkontinent, das dort nach Art eines Aschrams errichtet wurde, berichtete, was Armut für ihn und seine Mitbrüder bedeute. Sie gingen wie die hinduistischen Fakire oder buddhistischen Mönche in ihrer Umgebung täglich für ihre Portion Reis betteln, um die Solidarität mit der Bevölkerung, in deren Mitte sie leben, zu erfahren und zu zeigen.

Kurz darauf erzählte der Abt einer nordamerikanischen Abtei von seinem Umgang mit demselben Thema. Das Kloster war im neunzehnten Jahrhundert von König Ludwig I. von Bayern gegründet worden, zählt heute ein paar hundert Mönche, betreibt unter anderem eine Hochschule und hat ein Bibliotheksgebäude gestiftet bekommen, das von einem berühmten zeitgenössischen finnischen Architekten gebaut wurde. Er meinte, in seinem Konvent sei man darauf gekommen, dass es dem Geist der Armut (er verstand darunter wohl eher unsere Tugenden der Wirtschaftlichkeit und Sparsamkeit!) mehr entspreche, wenn jeder Mitbruder in verantwortlicher Position sein eigenes Auto anstelle von Gemeinschaftsfahrzeugen benutzen würde, weil dann aufgrund der höheren Achtsamkeit die Reparaturkosten geringer ausfielen.

Durch dieses Erlebnis wurde mir als junger Mönch bewusst, wie vielfältig die Welt auch innerhalb einer Ordensgemeinschaft ist und wie kulturell unterschiedlich wir Menschen in unseren Ansichten über das gleiche Thema sind. Ich erkannte, wie unsinnig es ist, darüber in Streit zu geraten, und wie nötig, zuallererst einmal genau hinzuhören und hinzuschauen. Dann soll man die Erfahrungen im Herzen erwägen, ehe man glaubt, gescheit darüber reden zu können.

»Erkenne, was du bist« bedeutet, erkenne, wie du in diese Welt, in die gesamte Menschheit, in die ganze Schöpfung oder Evolution eingebunden bist – je nach dem eigenen Glauben. Erkenne die Fraternité des französischen Revolutionsaufrufes, die Brüderlichkeit oder, modern gesprochen, die Geschwisterlichkeit und Mitgeschöpflichkeit. Das christliche Weltbild mit einem Schöpfer, der der Welt ihre Ordnung gibt, gibt dem Menschen Mitverantwortung. Dies zeigt sich an der oft überlesenen Bemerkung in der biblischen Schöpfungsgeschichte, dass der Mensch den Tieren ihre Namen geben darf, dass er also Teil hat an dieser Ordnung stiftenden Macht Gottes. Schon die zweite Episode dieses uralten Mythos, die Geschichte von Kain und Abel, macht deutlich: Jeder ist ein Individuum und von den anderen verschieden, und trotzdem sind wir alle gleich. Das ist das unglaubliche Faszinosum am Menschen. Wir sehen auch nicht alle gleich aus, obwohl wir alle aus dem gleichen Material geformt sind. Nicht einmal Zwillinge sind völlig identisch. Wenn wir bedenken, was uns eigentlich im Letzten verbindet, was Menschsein heißt, dann müssten wir eigentlich ein ganz anderes Leben führen, uns weniger von Dingen stören lassen und unser Leben in Gelassenheit führen.

- Entrümple deinen Geist!
- Dringe vor zum Wesentlichen!
- Erkenne, was du bist!
- Nimm das gemeinsam Menschliche wahr!
- Akzeptiere die individuellen Unterschiede!
- Habe Respekt vor der Kultur der anderen!

Kapitel 3

Erkenne, wer du bist

Hat uns die vorausgehende Frage mit dem gemeinsam Menschlichen konfrontiert, so zielt die Frage »Wer bin ich?« auf die Unterscheidung des einzelnen Menschen von demjenigen, der als »anderer« empfunden wird. Es ist die Frage nach der Individualität, nach dem eigenen Selbst, die sich für jeden von uns stellt. Dabei geht es auch um das Bild, das ich mir von mir selbst mache und in mir trage.

Eine der ältesten Überlieferungen der griechischen Philosophie, die an der Wiege des europäischen Denkens steht, ist der berühmte Imperativ, der über dem Eingang des Apollotempels von Delphi, des bekanntesten Heiligtums und Orakels der Antike, angebracht war: »Erkenne dich selbst!« Diese Inschrift wird verschiedenen frühgriechischen Denkern aus der Zeit vor Sokrates, am häufigsten Thales von Milet, den wir vom Thaleskreis aus der Geometrie kennen, zugeschrieben. Sokrates selbst sah in der Selbsterkenntnis die Vorbedingung allen Tugendstrebens.

Sich selbst zu erkennen ist demnach ein wichtiger Schritt zur *Entrümpelung des Geistes.* Der unverstellte Blick auf das eigene Ich ist nötig. Dieser wird durch eine oftmalige Verwirrung der Sinne und Gefühle erschwert. Die arabische Erzähltradition kennt dafür das Bild der Geister, der Dschinnen, welche die Sinne der Menschen umstellen. In meiner klösterlichen Ausbildung, dem Noviziat, habe ich mich mit den ersten Mönchen, den Wüstenvätern, beschäftigt. Faszinierend ist heute noch bei der Lektüre ihrer Biographien und Aphorismen ihr Kampf mit sich selbst. Heute würde man salopp sagen: mit ihrem inneren Schweinehund. Diese Analogie aus dem Tierreich ist gar nicht so weit hergeholt: Nahmen sie doch ihre ungeordneten Gedanken und Gefühle, die sie bedrängten, als Dämonen in Gestalt wilder oder für unrein gehaltener Tiere wahr. Die Anachoreten – Einsiedler – zogen sich in die Einsamkeit der Wüste zurück, welche schon im ersten Teil der Bibel, dem Alten Testament, als ein Ort der verschärften Sinneswahrnehmung der Präsenz Gottes und der eigenen Unzulänglichkeit geschildert wird. In dieser Wüsteneinsamkeit ist der Eremit nur sich, dem eigenen Ich, unter dem Anspruch der Gottheit ausgesetzt. Dabei wird der Geist klar, die Wirrnisse der Seelenkräfte treten deutlich zutage, geht es doch einzig darum, sich selbst im Angesicht Gottes zu erkennen.

Dieser Blick in den Spiegel des ganz anderen, Unverfügbaren, Unwandelbaren ermöglicht einen klaren Blick auf das eigene Selbst. Die mönchische Spiritualität benennt diese Haltung mit dem Begriff der Demut: Die Tugend ehrlicher Selbsteinschätzung in Verbindung mit der Haltung des Dienens gegenüber dem konkreten Nächsten gilt den frühen Mönchen als der Königsweg, um das Ziel ihres Lebensweges, die selige Gottesschau, zu erreichen.

Die Suche nach dem Wesentlichen drückt sich auch in den Gründungsgestalten des Christentums und ihrem Aufenthalt in der Wüste aus: Johannes der Täufer lebt und predigt in der Wüste, er ernährt sich von deren Fürchten, Heuschrecken und wildem Honig, und er trägt einen Umhang aus Kamelhaar als Kleidung, um sich gegen die Hitze des Tages und die Kälte der Nacht zu schützen. Das berühmte Bild Matthias Grünewalds, das die meisten von uns kennen, stellt Johannes dar, wie er auf den zeigt, der größer ist als er und doch erst nach ihm kommt: auf Jesus. Auch er muss zunächst eine Phase der Selbsterkenntnis durchschreiten, ehe er seine Lehrtätigkeit beginnt: Er fastet vierzig Tage in der Wüste, wird dort vom Teufel, dem Vater aller Dämonen, mit drei beispielhaften Uranwandlungen menschlicher Schwäche in Versuchung gebracht: der Genusssucht, das heißt der Abhängigkeit von Dingen, dem Geltungsbedürfnis, das heißt der fehlenden Selbsteinschätzung, und dem Streben nach Herrschaft über andere.

Die Symbolik dieses aussagekräftigen Bildes ist evident: In der Wüste bin ich im Letzten auf mich selbst und die Urkräfte des Ich zurückgeworfen, die den innersten Kern meiner Person ausmachen. Ich werde in die Lage versetzt zu erkennen, was für mich wichtig ist, wodurch ich mein Selbst definiere, wie ich mich und andere einschätze. Wer aber einmal diesen Weg gegangen ist, wer einmal diese Erfahrung gemacht hat – sei es im abenteuerlichen Erleben der Wüste, sei es bei einem unfreiwilligen Aufenthalt im Krankenhaus – und dort ganz auf sich gestellt, mit sich ganz allein war, wer dort richtig zu sich selbst »durchgebrochen« ist, der wird den klaren Geist, von dem hier die Rede ist, erspürt haben.

Auch der Buddhismus, dessen wichtigste Übung die Meditation darstellt, verlangt die Achtsamkeit – zuerst gegenüber sich selbst –, um das falsche Ich-Bewusstsein aufzulösen. Beim Prozess, sich selbst zu erkennen, tauchen automatisch weitere Fragen auf: Was bestimmt mich und mein Wesen? Wie werde ich von anderen bestimmt, von Menschen oder Dingen? Was regiert, was beherrscht mich? Wovon bin ich abhängig? Wo erfahre ich Liebe, Zuneigung, Wärme? Was brauche ich?

Es gibt ein originelles Gebet, das auch auf unser Thema der Selbsterkenntnis passt:

Gib mir die Gelassenheit, Dinge hinzunehmen,
die ich nicht ändern kann.
Gib mir den Mut, Dinge zu ändern,
die ich ändern kann.
Gib mir die Weisheit,
das eine vom andern zu unterscheiden.

Die Weisheit des Unterscheidens, das ist es, was mit der Selbsterkenntnis geschenkt wird. Das Tun und Umsetzen mit Tatkraft und Verstand sind die eigentliche Antwort auf die Frage: Wer bin ich? Am Ende dieses Erfahrungsweges steht dann der Appell: Nimm dich an! Nimm dich an, so wie du bist! Erkenne die Möglichkeiten, die in dir sind. Entdecke deine Potenziale und wecke sie. Fördere deine eigene Entwicklung!

Dazu folgendes Beispiel aus meiner Beratungspraxis:

Franz S. war in seiner Jugend ein begeisterter Motorsportler. Diese Leidenschaft behielt er auch nach seiner Hochzeit mit Marianne bei. Nach der Lehre als Werkzeugmacher und einer kurzen Zeit als Mitarbeiter in einer Werkstatt machte er sein Hobby zum Beruf. Er wurde ein bekannter Rennfahrer. Immer wieder erlebte er neben Erfolgen auch Niederlagen, die meistens auf technische Mängel der hochempfindlichen Rennfahrzeuge zurückzuführen waren. Marianne brachte ihn auf die Idee, aus diesen Misserfolgen zu lernen und daraus ein Geschäftsmodell zu entwickeln. In einer Garage – inzwischen ja aus vielen anderen Gründungsgeschichten heute weltweit agierender Unternehmen bereits bekannt – begannen sie eine Werkstatt einzurichten. In ihr wurde die Technik der Fahrzeuge genau an ihren Schwachstellen, die Franz aufgrund seiner Erfahrung bei den Rennen exakt benennen konnte, verbessert. Nach zwanzig Jahren beschäftigten Franz und Marianne S. zweihundert Mitarbeiter an zwei Standorten, die Firma gehörte zu den fünfzig erfolgreichsten Unternehmen der Region.

Dennoch war Franz nicht glücklich und gelöst; in seinem Innersten war er nach wie vor der Mechaniker und Rennfahrer geblieben, der am liebsten selbst immer an der Werkbank arbeitete und nicht fähig war, seine Mitarbeiter in ihren Kenntnissen und Leistungen anzuerkennen; er war voller Ängste vor einem ständig eingebildeten drohenden geschäftlichen Misserfolg. Marianne sah, dass sie wie schon zwanzig Jahre zuvor die Initiative ergreifen musste, sollte der Misserfolg nicht tatsächlich durch die innere Blockade ihres Franz eintreten. In einer Teamklausur konfrontierten wir Franz mit den Werten der uralten Regel des Benedikt von Nursia über die Balance zwischen gelingendem Leben und erfülltem Arbeiten, das auch für die Rückmeldung seiner engsten Mitarbeiter offen ist, und angesichts dieser Erkenntnis gingen ihm Augen und Herz auf. Im Spiegel, den ihm dieser Weisheitstext vorhielt, erkannte er die Ursache seiner Ängste, und in ihm löste sich die Verkrampfung. Auslöser war wohl unsere Deutung des Gehorsamsprinzips als Mahnung zum eifrigen Hinhören. Zuerst in sich selber hineinhören, dann achtsam und aufmerksam werden für das, was andere denken, meinen, sagen, und dann vor dem Fällen der Entscheidung das Gehörte im Herzen erwägen.

Auch die Demut, die für Benedikt – ausgehend vom lateinischen Begriff humilitas – den Königsweg der Zielerreichung darstellt, kann mit Bodenhaftung, Selbsterkenntnis übersetzt werden. Es ist erstaunlich, welche innerlichen Prozesse gerade bei Menschen in Führungspositionen bei der Konfrontation mit den Weisheiten dieser Ordensregel in Gang gesetzt werden. Marianne rief mich an und erzählte mir, dass Franz seit Jahren zum ersten Mal wieder mit einem Lächeln nach Hause zurückgekehrt war. Die fünfzehnjährige Tochter fragte sie: »Was ist mit unserem Papa passiert?« Inzwischen ist Franz dabei, sein Leben in Balance zu bringen: Er verbringt nicht mehr die ganze Zeit an der Werkbank, sondern delegiert seine Arbeiten an die dazu befähigten Mitarbeiter, die sich dadurch wertgeschätzt und somit motiviert fühlen. Er nimmt sich Zeit für die Familie und seine vielfältigen Interessen, besonders natürlich den heißgeliebten Motorsport.

Das Gebot der Nächstenliebe, das wir aus dem Neuen Testament kennen, heißt im vollen Wortlaut: Liebe deinen Nächsten wie dich selbst!

Die Selbstliebe ist also der Maßstab für die Nächstenliebe. Das Wort Selbstliebe ist für unsere Ohren immer leicht anstößig, weil wir es für christliche Ethik halten, sich selbst zu verachten und nur den Nächsten hochzuhalten. Sich selbst lieben heißt so viel wie sich selbst mögen, sich selbst annehmen können. Das bedeutet aber nicht, alles an sich so sein zu lassen, wie es ist. Das kann durchaus heißen, ganz gehörig an sich arbeiten zu müssen, sich zu verändern oder, theologisch ausgedrückt, umzukehren. Aber eben mit der feinen Unterscheidung: Was ist veränderbar, und was muss ich mit dem nötigen Humor und der angemessenen Gelassenheit hinnehmen?

Die Frage »Wer bin ich?« macht uns also unseren Selbstwert bewusst. Dabei wird ein ehrliches Einschätzen unserer selbst ermöglicht. Die Stärken und Schwächen werden gleichermaßen genau angesehen. Dabei müssen Schwächen nicht unbedingt Fehler oder, religiös ausgedrückt, Sünden sein, sie gehören zur individuellen Ausstattung einer Person genauso wie die starken Seiten. Sie müssen nur ehrlich zur Kenntnis genommen werden. Was geändert werden kann, muss angegangen, was nicht zu ändern ist, mit Humor ertragen werden. Gerade eine gehörige Portion Humor und Gelassenheit verhelfen mehr als viele bemühte Anstrengungen zu einem klaren Blick auf das Wesentliche. Sehr viele Fehleinschätzungen des eigenen Ich verstellen den ungehinderten Blick auf uns selbst. Sie sind im wahrsten Sinn des Wortes Gerümpel unseres Geistes, das zu entsorgen ist.

- Entrümple deinen Geist!
- Dringe vor zum Wesentlichen!
- Erkenne, wer du bist!
- Nimm dich selbst mit deiner Geschichte, deiner Entwicklung wahr!
- Unterscheide, was an dir zu ändern, was zu bewahren ist!
- Nimm dich an!

Kapitel 4

Wisse, was du brauchst

Auch dieses Kapitel behandelt eine der im Alltag wichtigen Fragen: Was ist notwendig? Gehen wir ruhig von der Wortbedeutung aus. Was wendet einem die Not? Ich denke, wenn wir uns dieser Frage immer wieder stellen, kommen wir durchaus dem nahe, was wir unbedingt brauchen. Geht es dabei um die sogenannten Basics, also das, was ich zum Leben, zum Überleben brauche, oder geht es darum, was ich brauche, um ein erfülltes Leben zu führen?

Sicher geht es um mehr als die Basics, denn auch kulturelle Dinge sind notwendig, um ein erfülltes Leben zu haben. Ein Mensch würde unweigerlich innerlich und äußerlich verkümmern, wenn er nur ein Minimum an Kultur zur Verfügung hätte. Zur Kultur gehört neben der Kunst auch Religion, gehört der Bereich der Bildung in Schule und Universität, gehört das Erlernen von Sprachen, aber auch das Erlebnis der kulturellen Vielfalt durch Reisen.

Ohne diesen Bereich unseres Lebens wären wir ganz wesentlich andere, defizitäre Menschen. Es liegt offensichtlich an einem inneren Antrieb, der die Menschen spüren lässt, dass sie etwas brauchen. Genau das ist es ja, was den heutigen Menschen umtreibt, was er selbst haben will oder wovon er glaubt, dass er es haben muss.

Ein schönes Beispiel, um das zu verdeutlichen, sind die Reisen. Muss ich wirklich alle Länder der Welt gesehen haben? In einem Reiseprospekt wird ein Tagesausflug zum Nordpol angeboten. Am Abend des Tages bekommt man ein Zertifikat darüber, dass man für einen einzigen Tag am Nordpol war. Muss das sein? Muss man im Leben unbedingt einmal am Nordpol gestanden haben? Unsere Eltern und Großeltern waren noch froh, wenn sie einmal im Leben ihre Stadt verlassen konnten.

In unserer kommerzialisierten Welt hat sich etwas Unglaubliches aufgebaut. Die gesamte Wirtschaft scheint davon abhängig zu sein, lebt sie doch davon, zu verkaufen, was immer die Begehrlichkeiten der Menschen weckt, zum Beispiel eben auch einen Tagestrip zum Nordpol. Ich habe einen Satz gehört, der einen gleichermaßen faszinieren und schockieren kann: »Wer behauptet, Glück könne man nicht kaufen, hat keine Ahnung vom Shoppen!«

Es gibt Wirtschaftswissenschaftler, die behaupten, man könne Glück herstellen, und zwar mit Hilfe einer Veränderung der inneren Einstellung. Dabei ist das Wort Glück ambivalent. Es bedeutet einmal das, was einem im Wortsinne zufällt, zum Beispiel ein Lottogewinn. Und dann hat es noch die Bedeutung, die wir vom Philosophischen her als Glückseligkeit kennen und wofür die Griechen den Begriff Eudaimonia hatten. Sicherlich kann ich mir eine innere Haltung aneignen, die in mir Glückseligkeit entstehen lässt als ein Zustand, in dem ich verweile. Das Glück als Zufallendes, das kann ich allerdings per definitionem nie erzwingen.

Da sind wir wieder bei unserer Eingangsfrage angelangt: Was braucht der Mensch, um glücklich zu sein? Was braucht der Mensch unbedingt? Genügt es, einen wunderschönen, grün blühenden Baum zu sehen? Genügen die sogenannten Basics? Oder braucht er mehr? Ein Straßenkind in Manila ist vielleicht glücklich, wenn es einen Karton hat, in dem es schlafen kann. Eigentlich braucht der Mensch ja nicht sehr viel. Er braucht eine Rückbindung an seine Herkunft, ein familiäres Eingebundensein. Auch ein Einsiedler, wie wir schon gesehen haben, braucht Menschen, die bei ihm vorbeikommen. Er braucht soziale Bezüge.

In der Zeit der Aufklärung gab es Experimente, die von Pädagogen durchgeführt wurden. Man hat versucht, Kinder völlig isoliert von allen sozialen Bezügen zu erziehen oder aufwachsen zu lassen, und dabei festgestellt, dass der Mensch auf diesem Weg verkümmert. Denn ein Mensch, selbst wenn er die materielle Basis besitzt, ist auch dann des Todes, wenn ihm die sozialen Beziehungen – sprich die kulturellen Leistungen des Menschen, der Austausch mit den Gedanken anderer – fehlen. Der Mensch hat seinen Geist nicht umsonst, sondern er hat ihn, um ihn zu benutzen, und alles, was nicht benutzt wird, verkümmert. Deshalb muss die Frage, was brauche ich denn wirklich, von einer inneren Einstellung her beantwortet werden.

Brauche ich etwas, weil andere es besitzen und haben? Werde ich von der Außenwahrnehmung anderer bestimmt oder von dem, was ich selber brauche? Und sind es dann wirklich meine eigenen Bedürfnisse? Das ist der springende Punkt der Unterscheidung. Wie erkenne ich, was ich brauche? Erkenne ich es durch Nachdenken, durch Gespräche? Bin ich wirklich motiviert, authentisch zu werden?

Es ist evident, der Mensch neigt zur Nachahmung. Dadurch bilden wir uns ein, auch all das zu brauchen, was andere haben. Erst ab einem gewissen Alter, etwa um das fünfzigste Lebensjahr, erahnen wir, dass wir viele Dinge eigentlich selbst gar nicht brauchen, sondern dass sie uns von außen aufgedrängt wurden. Wir erkennen plötzlich, dass wir sogar unsere individuellen Schrullen leben können ohne Angst, dadurch anzuecken. Im Gegenteil, wir können sogar im Prozess der Individuation zunehmend die uns gemäßen Werte finden. Wir fühlen, dass wir uns nicht mehr für unsere Eigenarten entschuldigen müssen. Wir können stolz darauf sein, dass wir nach vorne blicken und sagen: »Schaut her, ich mache das auf diese und jene Art und Weise, ich brauche eigentlich gar nichts!« Menschen, die Extremsport betreiben und fünfzig Tage in die Wüste gehen oder auf andere Weise ihre Spleens ausleben, koppeln sich in gewissem Sinn ab, sie steigen aus dem normalen Ablauf des Habenmüssens in den Bereich des Tunwollens um. Wenn man das so sehen mag, haben sie ihren Geist entrümpelt und tun einfach nur, wozu es sie innerlich drängt.

Wie kann der normale Mensch erkennen, wann er »Opfer« der Überflussgesellschaft zu werden droht? Ein gutes Unterscheidungsmerkmal ist uns gegeben, wenn wir das Notwendige vom Überflüssigen unterscheiden. Der lateinische Begriff luxuriae, die Luxusgüter, zielt darauf ab, zu unterscheiden, was über das Lebensnotwendige hinaus überflüssig ist. Manches Mal gehört das Luxuriöse allerdings auch zum kulturellen Überschwang dazu. Dauernd nur im asketisch Zurückgezogenen zu leben hat ja, wie wir aus der Geschichte wissen, eine gewisse Kulturfeindlichkeit hervorgebracht, die den Menschen genauso wenig gemäß ist. Das Mönchtum hat dabei versucht, in seiner Geschichte einen Ausgleich zu schaffen. Das klösterliche Vorbild besteht in der Verbindung von persönlichem Verzicht und dem gemeinsamen Schaffen von Kulturgütern. Beides kann hervorragend, aber nicht immer spannungsfrei vereint werden. Es besteht ein gewisser Überfluss, der aber gar nicht so sehr wahrgenommen wird, denn der Einzelne lebt trotzdem bescheiden und erhält so die Freiheit des Geistes. Die immer wieder nötige Frage, die wir uns stellen müssen, wird sein: »Ist das wirklich notwendig, was ich mir jetzt im Moment wünsche?«

Als ich nach dem Klosteraustritt in meine Wohnung eingezogen war, bildete sich in mir allmählich der Wunsch nach einem Flachbildschirm-Fernsehgerät. Immer wieder fragte ich mich: »Ist das wirklich notwendig? Was bringt mir das? Ich habe doch einen funktionierenden Fernseher!« Ich spare nun darauf hin, mir diesen Wunsch einmal selbst zu Weihnachten zu erfüllen. Aber ich frage mich: Wenn ich mir den Fernseher schließlich gekauft haben werde, wird er dann schon nach kurzer Zeit für mich so normal geworden sein, dass ich erkennen muss, dass das Schöne daran nur die Vorfreude war? Der Schwager eines Freundes hat sich einen Maserati gekauft, das war sein Wunschtraum seit Kindertagen. Nun steht der Wagen die meiste Zeit mit einer Decke verhüllt in der Garage, damit ihn ja kein Staubkorn zerkratzt. Wie viel Freude empfindet er nun über die Erfüllung seines Kindheitstraums?

Können bestimmte allgemeine Maßstäbe zur Beantwortung der Frage »Erkenne, was du brauchst!« angegeben werden? Oder gibt es überhaupt allgemeingültige Regeln? Ist diese Frage nicht nur sehr individuell zu beantworten? Nehmen wir das Beispiel des Aufenthalts in einem Luxushotel. Auf Dienstreisen steigen viele Menschen in Fünf-Sterne-Hotels ab, wenn sie eingeladen sind oder die Firma das bezahlt. Privat würde man dort nicht absteigen und tausend Dollar pro Nacht zahlen. Man kann genauso gut in einer Drei-Sterne-Pension wohnen, was manches Mal auch noch lustiger sein kann. Ich habe die Beobachtung gemacht, in Drei-Sterne-Häusern sind die Menschen viel fröhlicher als in Fünf-Sterne-Hotels, wo eher seltener gelacht wird. Da herrscht die gedämpfte Atmosphäre des allgemeinen Reichtums. Vielleicht sind die Menschen dort deshalb so traurig, weil sie fürchten, den Aufenthalt morgen nicht mehr bezahlen zu können.

Zu Beginn der ökologischen Bewegung wurde der Slogan propagiert »Small is beautiful«. Er war gegen das zügellose Wachstum gerichtet, die Gigantomanie des »immer mehr und immer größer«, die die technische Entwicklung bis in die achtziger Jahre gekennzeichnet hat. Ich glaube aber, dass dieses Motto, konsequent angewandt, nicht nur zum Kollaps des gesamten Wirtschaftssystems führen würde, sondern dass auch der Mensch verkümmern würde, wenn er nicht immer mal wieder über die Stränge schlagen kann, natürlich solange er das Leben anderer, auch anderer Generationen, dadurch nicht gefährdet. Die Umsetzung des Slogans »Small is beautiful« würde auch zu einer Verkümmerung menschlicher Anstrengungen führen. Denn alle Innovationen – alles, was kreativ ist, was in die Zukunft führt – erfordern eine Grenzüberschreitung, also ein Hinausgreifen nach etwas Größerem als das, was mir im Alltag gegeben ist.

Der Appell »Small is beautiful« ist dann gut, wenn ich

darunter die Konzentration auf das Wesentliche verstehe. Ich denke aber, im Prinzip ist Wachstum wichtig und nicht Regression, auch wenn Regression auf das Wesentliche immer wieder eine wichtige Übung sein kann. Darüber immer wieder zu meditieren hilft, ein gutes, zukunftsträchtiges, innovatives und kreatives Wachstum zu unterscheiden von den Krebswucherungen, die es in unserem Wirtschaftssystem natürlich auch gibt. Wachstum ist ein evolutiver Prozess. Wir können nicht zurückgehen in unserer Entwicklung, wir können nicht unsere kulturellen Errungenschaften ungeschehen machen. So sind wir als Menschen quasi dazu verdammt, immer weiter neue Dinge zu entwickeln, zu erfinden. Gerade dieser Umstand bringt eine unendliche Vermehrung von Möglichkeiten mit sich. Exakt in diesem Bereich ist es wichtig, das Wesentliche vom Unwesentlichen, das Wichtige vom Unwichtigen unterscheiden zu lernen. Das ist die Aufgabe des Menschen.

Es gibt noch einen zweiten Werbespruch, der immer wieder gern zitiert wird: »Weniger ist mehr.« Dabei geht es um weniger Quantität, dafür aber mehr Qualität. Ein guter Freund, ein achtzigjähriger Herr, erzählt gern von seiner Jugend in bescheidenen Verhältnissen. Inzwischen ist er zu einem vermögenden Kaufmann alter Schule avanciert. Seine Mutter, so sagt er, habe immer zu ihm gesagt: »Bub, um uns etwas Billiges leisten zu können, sind wir nicht reich genug!« Sie meinte damit, das Teurere, Wertvollere und damit qualitativ Bessere habe eine viel längere Lebensdauer als etwas Billiges. »Weniger ist mehr« weist aber nicht nur auf bessere Qualität, sondern auch auf eine bewusste Beschränkung der Quantität, um durch Konzentration auf wenig Gutes dieses auch besser nutzen oder genießen zu können. Man hat ein tolles Segelboot in der Müritz, eine super Motoryacht in Monte Carlo, eine Finca in Andalusien und eine kleine Wohnung in Miami, alles natürlich qualitätsvollst. Aber man kann von diesem Besitz gar nicht so richtig Gebrauch machen, wenn ich das eine nutze, liegt das andere brach. Selig diejenigen, die über die innere Gelassenheit auch beim Umgang mit ihrem Besitz verfügen und Freude vor allem dabei finden, wenn sie andere daran teilhaben lassen.

Was könnte es eigentlich heißen und bedeuten, innere Zufriedenheit zu haben? Stellen wir uns ernsthaft immer wieder die Fragen: Womit bin ich zufrieden, und ruhe ich in mir selbst? Wo bin ich ein Getriebener und Fremdbestimmter? Wo bin ich frei? Wo beherrsche ich selbst die Dinge meines Besitzes, und wo werde ich von ihnen beherrscht?

Vor meinem inneren Auge steht das Bild der betagten, aber rüstigen Mutter eines Freundes, die am Münchener Stadtrand wohnt. Er animiert seine Mutter immer wieder: »Du musst reisen, du musst jetzt die Welt noch sehen. Ich fahre auch mit dir mit.« Dann schlägt er ihr außerdem vor: »Du musst nach Schwabing ziehen, weil da das Leben tobt. Und dann musst du mal dieses essen und jenes ausprobieren.« Seine Mutter antwortet darauf geduldig: »Nein, ich bin so glücklich hier, wer kann mir mehr bieten als mein Garten? Ich sehe die Meinen, ich sehe die Kinder, ich höre Vögel zwitschern, ich sehe die Blätter von den Bäumen fallen, die Jahreszeiten bekomme ich mit. Alles, was du mir da zeigst, kann mir den Garten nicht ersetzen.« Zu solch einer Haltung wird man wahrscheinlich erst gelangen, wenn man reif und weise geworden ist.

Eine große Lehrmeisterin ist tatsächlich die Natur, die übrigens auch völlig im Überfluss lebt und aus dem Vollen schöpft. Unglaublich, wenn man die Maßlosigkeit der Natur betrachtet. Es gibt nichts, was es hier auf dieser Erde nicht gibt, Millionen von Spezies, Bäumen, Papageien, alles Mögliche. Rote Wüste, grüne Wälder, satte Wiesen, blaue Meere, Wolken am Himmel, braune Gräser und wohlschmeckende Kräuter. Deshalb hieß das Motto der Menschen, die zum Wesentlichen erziehen wollten, auch »zurück zur Natur« wie bei Rousseau oder »secundum naturam vivere« – ein Leben gemäß der Natur – wie bei den Stoikern. Die Kultur des Menschen besteht darin, aus dem Überfluss der Natur das ihm Gemäße auszuwählen und staunend zu versuchen, es nachzuahmen. Mit Respekt und einem feinen Verständnis wird der wahrhaftige Kulturmensch der Natur gegenübertreten.

Auch Jesus weist in der Bergpredigt auf das Beispiel der Natur: »Lernt von den Lilien, die auf dem Feld wachsen; sie arbeiten nicht und spinnen nicht. Doch ich sage euch: Selbst Salomo war in all seiner Pracht nicht gekleidet wie eine von ihnen. Wenn aber Gott schon das Gras so prächtig kleidet, das heute auf dem Feld steht und morgen ins Feuer geworfen wird, wie viel mehr dann euch, ihr Kleingläubigen! Macht euch also keine Sorgen und fragt nicht: Was sollen wir essen? Was sollen wir trinken? Was sollen wir anziehen? Denn um all das geht es den Heiden. Euer himmlischer Vater weiß, dass ihr das alles braucht.«

Der Forderung »Entrümple deinen Geist« wird ja meistens auch dadurch nachgekommen, dass Menschen in die Natur hinausgehen, wenn sie klare Gedanken fassen und zum Wesentlichen vordringen wollen. Die Einsiedler zogen in unseren Breiten in den Wald, in Ägypten und im Nahen Osten in die Wüste, also in die – manchmal auch feindliche – Natur.

»Wisse, was du brauchst« bedeutet also, wähle das für dich Wichtige aus dem Überfluss der Welt heraus, indem du dich immer wieder an der Natur orientierst.

Das große Problem der Armut, die wir in der Welt erleben, ist ja ohne Zweifel ein Produkt menschlicher Kultur. Sie kommt gerade in Massengesellschaften vor. Das Phänomen, das kurz bei den Straßenkindern von Manila angeschnitten wurde, die massive Armut in den Großstädten, ist durch Menschen gemacht. So wird deutlich: Der Imperativ »Entrümple deinen Geist« richtet sich in allererster Linie an Wohlstandsbürger, die so etwas brauchen. Es ist eine Hilfe für Menschen, die auswählen müssen, die vor lauter Gerümpel im Geist und in ihrer Wohnwelt Hilfe brauchen, um wieder zum Wesentlichen zu kommen, um selbst wesentlich zu werden. Der Mensch, der nichts hat, der wirklich Arme, ist darauf angewiesen, zuerst seine Primärbedürfnisse zu befriedigen oder, wie Bertolt Brecht das ausdrücken würde, »seinen Bauch voll zu kriegen«. Er kommt gar nicht dazu, seinen Geist mit Unwesentlichem vollzupacken.

Woher kommt es, dass wir in unserem Erbgut die Gabe der Wahl, der Unterscheidung von Wesentlichem und Unwesentlichem, nicht mitbekommen haben? Dass wir dazu Hilfe brauchen? Vermutlich sind es entfernte Relikte aus der Tierzeit, wie das geschilderte Beispiel von dem Esel zeigt, der sich nicht zwischen dem linken und dem rechten Heuballen entscheiden kann und deshalb verhungert. Zu dieser natürlichen Veranlagung, alles gleichzeitig haben zu wollen, die uns noch aus dem Tierreich anhaftet, gibt es eine Beobachtung von Verhaltenspsychologen. Wenn Menschen sich nicht ganz sicher sind in einer Sache oder wenn sie bewusst lügen, zum Beispiel bei einer Vernehmung, dann fassen sie sich oft an die Nase. Dieses Verhalten entstammt unserem tierischen Erbe. Wir schnüffeln, ob wir die Nahrung essen können oder nicht. Man kann das bei Gesprächen beobachten, bei Konferenzen und Meetings. Wenn jemand irgendetwas behauptet und sich dabei an die Nase greift, dann heißt es: vorsichtig sein! Von unserer Veranlagung her erkennen wir durchaus, was uns guttut und was nicht. Doch im Zuge der menschlichen Entwicklung ist uns diese Gabe offenkundig verlorengegangen.

Die Soziologen beschreiben unsere Überflussgesellschaft als eine Welt der zunehmenden Ästhetisierung. Wir wählen nicht aus nach dem, was wir brauchen, sondern nach dem, was schön ist. Der Mensch, der nur die Primärbedürfnisse befriedigen muss, streckt sich aus nach dem, was er unbedingt braucht, und wir anderen, die wir Überfluss haben, suchen das schöne Erlebnis. Das alltäglich erlebbare Paradebeispiel hierfür ist der Einkauf in einem Großmarkt. Wir wählen bei nicht unmittelbar lebensnotwendigen Dingen vor allem nach dem ästhetischen Gesichtspunkt. Nehmen wir nur das banale Beispiel der Zahnpastatube, von der wir im Drogeriemarkt zehn, zwanzig Sorten vorfinden. Wonach wählen wir aus? Nach den Kriterien der Ästhetik, also dem Wohlgeschmack, dem Aussehen der Tube, dem roten oder grünen Streifen, nach dem, was uns in der Werbung als schönes Erlebnis vermittelt wurde. Das sind die Kriterien einer Wohlstandsgesellschaft. Armut ist menschengemacht – schauen wir nur einmal auf die armen Länder, in denen eine Menge Geld für das Militär ausgegeben wird, aber wenig für die Entwicklung der Bevölkerung. Den Machthabern in den armen Ländern geht es vor allem um Macht, Einfluss, Reichtum – Dinge, die unter dem Aspekt der Ewigkeit doch nur vergängliche Werte darstellen.

- Entrümple deinen Geist!
- Dringe vor zum Wesentlichen!
- Wisse, was du brauchst!
- Unterscheide die zu einem glücklichen Leben notwendigen und die dafür überflüssigen Dinge!
- Wähle Qualität vor Quantität!
- Ziele auf das Wesentliche und nicht nur auf das schöne Erlebnis!

KAPITEL 5

Ergreife den rechten Augenblick

Nach den eher grundlegenden Fragen bei unserer Annäherung an das Thema »Entrümple deinen Geist« soll es in diesem Kapitel bei der Suche nach dem Wesentlichen um den richtigen Zeitpunkt gehen: Wisse, wann du etwas tun musst, um das, was du willst, zu erreichen. Die griechische Mythologie kennt eine eigene Gottheit des rechten Augenblicks, den Kairos. Seine Bedeutung wird vor allem deutlich im Vergleich mit der eigentlichen Gottheit des Zeitflusses, nämlich Chronos, dem Vater des Zeus. Die Zeitvorstellungen, die sich mit Chronos verbinden, orientieren sich besonders an langen Zeiträumen und biologischen Rhythmen. Er ist der Gott der Landwirtschaft und hat als Attribute Sense oder Sichel sowie die Sanduhr, das Stundenglas. Chronos wird aber auch gefürchtet, da er seine Kinder, die Jahre, verschlingt.

Aus der Sturm-und-Drang-Zeit Goethes gibt es das Gedicht »An Schwager Kronos«, in dem der spätere Dichterfürst die fliehende Zeit mit dem Genre-Bild des Postillions, des Schwagers, verbindet. Darin heißt es:

…

Nun schon wieder
Den eratmenden Schritt

Mühsam Berg hinauf!
Auf denn! Nicht träge denn!
Strebend und hoffend hinan!

Weit, hoch, herrlich der Blick
Rings ins Leben hinein!
Vom Gebirg zum Gebirg
Schwebet der ewige Geist,
Ewigen Lebens ahndevoll.

Seitwärts des Überdachs Schatten
Zieht dich an
Und ein Frischung verheißender Blick
Auf der Schwelle des Mädchens da.
Labe dich! – Mir auch, Mädchen,
Diesen schäumenden Trank,
Diesen frischen Gesundheitsblick!

Ab denn, rascher hinab!
Sieh, die Sonne sinkt!
Eh sie sinkt, eh mich Greisen
Ergreift im Moore Nebelduft,
Entzahnte Kiefer schnattern
Und das schlotternde Gebein.

Ein anderes Bild der Zeit erhalten wir von dem Gott Kairos, der den rechten Augenblick, die günstige Gelegenheit repräsentiert. Im Gegensatz zu Chronos wird er als Jüngling dargestellt, er trägt Flügel an seinen Schultern und an seinen Fersen, er hält sich im Gleichgewicht. Sein auffälligstes Merkmal ist der kahlgeschorene Kopf; nur an der Stirnsei-

satz zunichtegemacht. Im wahrsten Sinne des Wortes steht zu viel Zeug im kurzfristigen kollektiven Gedächtnis der Gesellschaft herum. Es handelt sich um jahrzehntelang gewachsene Privilegien und Interessen verschiedener gesellschaftlicher Gruppen, die nicht angerührt werden dürfen. Die Politik muss um diese Versatzstücke der gesellschaftlichen Entwicklung ständig einen neuen Umweg bauen. Der Elefant kreißt, und eine Maus an Reförmchen wird geboren.

Um diese bestehenden gordischen Knoten zu durchschlagen wie weiland Alexander der Große, braucht es charismatische Personen, die mit einem messianischen Anspruch auftreten und die Menschen mitreißen können. Wie Jesus, der Messias des Neuen Testaments, mit seinem Anspruch: »Seht, ich mache alles neu.« Oder wie er es in der Bergpredigt formulierte: »Ihr habt gehört, dass zu den Alten gesagt worden ist, ... ich aber sage euch!« Die Geschichte lehrt uns jedoch, dass der Messianismus sehr leicht ins Negative umschlagen kann. Ein Adolf Hitler, der auftritt und verkündet, das deutsche Volk habe seinen Kopf voll mit dem Gerümpel der Weimarer Republik, er werde das alles ganz anders machen und es werde gutgehen, weil der Karren total verfahren sei. Diese Gefahr besteht immer, dass die Herde dem Heilsversprechen eines Führers, der sich als Verführer entpuppt, nachfolgt.

Deshalb braucht der rechte Augenblick, der zu ergreifen ist, unbedingt die Ergänzung: Handle mit Bedacht! Das heißt, bedenke deine eigene Situation und die des anderen, und dann schreite zur Tat. Nur im Idealfall gelingt es wahrscheinlich, alle beteiligten Seiten zufriedenzustellen. In der Realität wird das aber höchstwahrscheinlich selten der Fall sein. Es bleibt leider meistens eine Seite, die benachteiligt wird und leidet. Deshalb heißt »Handle mit Bedacht«: Tue nichts zu schnell und überlege die Konsequenzen, oder wie ein lateinischer Sinnspruch dies ausdrückt: Quidquid agis, prudenter agas et respice finem! – Was du auch tust, tue es klug und bedenke das Ende! Auch das gehört zur Suche nach dem Wesentlichen, zur Klarheit des Geistes: Bedenke die Konsequenzen deines Handelns.

Jede Erfolgsgeschichte aus der Wirtschaft ist eine Geschichte von einem Menschen, der den günstigen Augenblick erkannt und das, was in seinem Geist vorhanden war, ohne Zögern in die Waagschale geworfen hat. All die Storys von den Garagenfirmen, die sich zu Weltunternehmen entwickelt haben, künden davon. Ein Bill Gates genauso wie die Herren Siemens und Halske, Thyssen und Krupp, sie haben erkannt, was zu ihrer Zeit gefragt wurde, und haben sich mit Verve, Mühe, Fleiß und Bedacht in ihre Zukunft gestürzt.

Die erste der vier sogenannten Kardinaltugenden[3], die Klugheit, ist gefordert beim »Handeln mit Bedacht« und beim »Ergreifen des rechten Augenblicks«. Die Klugheit zehrt von der Erinnerung, die sie dem bloßen Wollen entreißt. Klugheit braucht auch die Haltung des Sich-etwas-sagen-lassen-Könnens, also eine gehörige Portion Demut. Und Klugheit benötigt ein vollendetes Können, um zwischen Machen und Tun zu unterscheiden. Das Werk des Machens sind die gegenständlichen Produkte künstlerischer und technischer Gestaltung, das Werk des Tuns sind wir selbst. Die Klugheit ist die Vollendung des Tunkönnens, während die Kunst die Vollendung des Machenkönnens ist. Auch ein Künstler muss trotz all seines ihm innewohnenden Künstlertums und seines Vermögens, Dinge kunstvoll darzustellen, den rechten Augenblick ergreifen, um seine Erfahrungen und seine Sicht der Dinge auf seine Weise auszudrücken und damit auch seiner Zeit gerecht zu werden und am künstlerischen Ausdruck dessen, was angesagt ist, mitzuweben. Was wir heute mit dem Begriff, der oder die sei ein Machertyp, ausdrücken wollen, bräuchte die Ergänzung des Tuntyps, also desjenigen, der an der ethischen Vervollkommnung seiner eigenen Person wirkt. Wir benötigen Menschen in Führungspositionen, die nicht nur an die utilitaristische Benützung ihrer »Werke« interessiert sind, sondern darüber hinaus durch ihr Tun die Verantwortung für das größere Ganze nicht aus dem Blick verlieren.

- Entrümple deinen Geist!
- Dringe vor zum Wesentlichen!
- Ergreife den rechten Augenblick!
- Öffne deine Sinne, und nimm die Menschen und Dinge um dich aufmerksam wahr!
- Wage den Schritt vom Wollen zum Tun!
- Handle mit Bedacht!

Kapitel 6

Habe, als hättest du nicht

Nach dem Wesentlichen wollen wir suchen. Zu ihm wollen wir vordringen. Auf diesem Weg begegnet uns natürlich auch sehr viel Gerümpel des Geistes in Form von Besitztum, Vermögen, Eigentum: all die vielen Dinge, die sich durch Erwerb nicht nur in unseren Wohnräumen und unserem Leben breitgemacht haben, sondern sich auch im Raum des Geistes, der Seele und des Herzens festgesetzt haben. »Wo dein Schatz ist, da ist auch dein Herz«, sagt Jesus in der Bergpredigt. Wie geht man im Angesicht der Ewigkeit – sub specie aeternitatis – mit den Dingen dieser Welt um? Diese Frage hat nicht nur die Religionsstifter, sondern auch die Philosophen seit der Antike umgetrieben.

Eine der griffigsten Formeln zur Lösung dieses Problems hat uns der Apostel Paulus geliefert. Im ersten Brief an die junge christliche Gemeinde von Korinth behandelt er den Umgang mit den Gütern dieser Welt angesichts der zeitlich bald bevorstehenden Wiederkunft Christi. Soll man denn dann überhaupt noch heiraten, noch Besitz erwerben, wenn diese Welt in ihrer jetzigen Gestalt sowieso bald vergehen wird? Er schreibt:

»Die Zeit ist kurz. Daher soll, wer eine Frau hat, sich in Zukunft so verhalten, als habe er keine, wer weint, als weine er nicht, wer sich freut, als freue er sich nicht, wer kauft, als würde er nicht Eigentümer, wer sich die Welt zunutze macht, als nutze er sie nicht; denn die Gestalt dieser Welt vergeht.« (1 Korinther 7,29 ff.)

Auch wenn die sogenannte Naherwartung der ersten Christen nicht eingetreten ist, diese Verhaltensregel des Völkerapostels ist heute noch hilfreich. Sie zielt auf die Einstellung des »hos me« im Griechischen – auf Lateinisch »tamquam non«, im Deutschen »als ob nicht«.

Jeder von uns ist nur vorübergehend auf dieser Welt. Mit dieser Tatsache muss sich der Mensch auseinandersetzen, ob er religiös ist oder nicht. Viele verdrängen diesen Sachverhalt ein Leben lang, dies war schon immer so. Wer sich wie die Mönche im Christentum oder im Buddhismus täglich den Tod vor Augen führt, der erfährt, dass die Dinge, die er zu besitzen, zu haben glaubt, ihm eigentlich nur vorübergehend geliehen sind. Gerade auch der christlich-jüdische Schöpfungsgedanke betont diesen Blickwinkel: Wir treten ein in die Welt, die uns vom Schöpfer vorgegeben ist, wir dürfen sie ordnen, hegen und pflegen, aber sie gehört uns nicht. Wir haben sie als Lehen, das wir am Ende des Lebens wieder zurückgeben müssen beziehungsweise das wir an die nächsten Generationen weitergeben sollen.

Am ehesten fällt einem dieser Umstand auf, wenn jemand von »meinem« Kind spricht, das vielleicht schon dreißig oder vierzig Jahre alt ist. Ich hörte einmal, wie ein junger Vater seinem fünfjährigen Sohn erklärte: »Kinder gehören gar niemandem, auch nicht den Eltern; wenn sie überhaupt jemandem gehören, dann nur dem lieben Gott.«

Bei der Kindererziehung wird es am deutlichsten, dass man auf dieser Welt ist, um loszulassen: Dies beginnt im Schoß der Mutter, bei der Geburt ist der erste Akt der Trennung schmerzhaft für beide Teile zu durchstehen. Der erste Schritt, den ein Kind geht, der erste Tag im Kindergarten, die Schultüte des Erstklasslers, die pubertäre Rebellion des Heranwachsenden, das Ausziehen aus der elterlichen Wohnung, das Ergreifen des Berufs mit dem eigenen Geld, das verdient wird, die Gründung der neuen Familie: Jeder dieser Schritte besteht in einem oft schmerzhaften Loslassen dessen, was als das »eigen Fleisch und Blut« bezeichnet wird. Hier wird wie nirgends sonst von Anfang an spürbar: »Haben, als hätte man nicht.«

In noch viel größerem und auch leichter einsehbarem Maße gilt das für den materiellen Bereich, der uns als Gabe und Aufgabe gegeben ist. In meiner Studentenzeit wurde von uns Theologen das Büchlein von Erich Fromm, dem deutschen jüdischen Psychotherapeuten und Sozialpsychologen (der 1934 in die Vereinigten Staaten emigrierte), viel gelesen, das den eingängigen Titel trug: *Haben oder Sein*. In der Zeit der linkslastigen Studentenrevolte wurde es instrumentalisiert gegen den Privatbesitz und gegen das Kapital. Natürlich lässt es sich trefflich vor den Karren politischer Agitation spannen. Aber eigentlich setzt Fromm beim großen Thema der Moderne an: der individuellen Freiheit, die es zu bewahren gilt auch gegenüber »selbstverschuldeten« Abhängigkeiten von Dingen, die ich mir selbst erworben habe. Die Frage ist: Was macht einen Menschen aus? Das, was er ist, oder das, was er hat? Das Sein des Menschen, der Selbststand, das Ich, oder das, was von außen zu ihm hinzukommt, also der äußere Besitz? Wie definiert sich der Mensch selbst? Ist es das, was auf ihn zukommt – Jesus würde sagen, was in ihn hineingeht –, oder das, was von ihm ausstrahlt, was aus ihm herauskommt? Nach dem Evangelium bestimmt Letzteres, also der innere Wesenskern, sein Selbstwertgefühl, das, was den Menschen fähig oder unfähig zu sozialen Bezügen – in der Sprache der Bibel, ihn rein oder unrein – macht.

Genau hier setzt die Unterscheidungshilfe, das Kriterium des »hos me«, des »als ob nicht«, an: Es ist uns alles geliehen, wir besitzen es eigentlich nicht, wir können es nicht mitnehmen, wenn wir den Löffel abgeben müssen. »Das letzte Hemd hat keine Taschen«, in die wir ihn stecken könnten. Wir sind darauf verwiesen, den Wert unseres Lebens, der sich unter dem Aspekt der Ewigkeit dem unbestechlichen Lichtkegel der Wahrheit ausgeliefert sieht, aus uns selbst zu definieren – ohne all das, was wir uns umhängen konnten.

Fragen wir uns ruhig mal ehrlich: Warum häufen wir Besitz an? Ist es Sicherheitsstreben, Geltungsbedürfnis, der Neid auf andere? Ein sehr schönes Beispiel dafür ist die Einrichtung des eigenen Heims, der eigenen Wohnung. Hat das Interieur die Aufgabe, mir eine wohnliche Heimat zu bieten, oder dient es hauptsächlich dazu, es anderen vorzuführen? Die wunderbaren Gemälde an der Wand, die teuren Bildbände, die einmal durchgeblättert werden und ständig auf dem Couchtisch liegen: Müssen sie mir gefallen oder anderen? Ich habe mich selbst dabei ertappt, als ich nach dem Klosteraustritt meine erste Wohnung neu bezogen und eingerichtet habe: Da ich keine Möbel hatte, musste ich sie teils leihen und teils neu kaufen; das eine oder andere Stück aus meiner Klosterzelle durfte ich mitnehmen. Ich hatte lange Zeit das Gefühl, die Wohnung sei noch nicht fertig eingerichtet, und traute mich nicht, jemanden einzuladen, obwohl ich mich selbst dort zu Hause und sehr wohl gefühlt habe.

Man stelle sich die Situation einmal bei unseren Fresskonkurrenten der frühen menschlichen Entwicklung vor, um zu sehen, wie komisch unser Verhalten eigentlich ist: Wenn Bären eine neue Höhle beziehen, laden sie gewiss nicht Artgenossen zu sich ein, um sie ihnen voller Stolz zu präsentieren. Sie sagen nicht: »Ich habe eine neue Bärenwohnung bezogen«, worauf die Besucher bewundernd ausrufen: »Oh, die ist viel größer und schöner als die alte!« Sonderbares ist zu beobachten, wenn jemand spontan zu Besuch kommt (was heutzutage immer seltener geschieht, meist meldet man sich telefonisch an und vereinbart einen Termin). Beim unvorhergesehenen Besuch entschuldigt sich der Gastgeber gewöhnlich mit den Worten: »Es tut mir leid, es ist nicht aufgeräumt.« Warum sagt man das? Das kennt doch jeder von anderen und sich selbst. Wann ist schon aufgeräumt? Was heißt denn überhaupt aufgeräumt? Wie soll es denn noch aufgeräumter sein? Diejenigen, die nie aufräumen, werden sich auch nicht dafür entschuldigen.

Im Bereich dieses menschlichen Nestbaus sieht man gut, wie sehr die Wege auf der Suche nach dem Wesentlichen oft in die Irre gehen: Das Geld, das verdient wird, wird ausgegeben, um ein Heim zu schaffen, eine Behausung, die zuallererst einmal Sicherheit bietet, Sicherheit vor den Gewalten der Natur, Wärme, Geborgenheit – wie die Höhle des Neandertalers. Die Wohnung soll auch dem jeweiligen Partner, auf den vielleicht noch gewartet wird, gefallen. Ein

Paar investiert sehr viel Zeit, Geld, Energie in das gemeinsame Nest. Ist es fertig, beobachtet man nicht selten, dass die Beziehung just zu diesem Zeitpunkt in die Brüche geht, weil nun eigentlich neue Ziele gebraucht werden in einer Paarbeziehung, die sich die ganze Zeit auf Ziele außerhalb ihrer selbst konzentriert und das eigentliche Innenleben vernachlässigt hat.

Diese Haltung des »hos me« beinhaltet auch eine Portion Gelassenheit und Absichtslosigkeit. Dafür ein Beispiel, das durchaus einen leisen Bezug zum Aufhänger des Apostels Paulus im Korintherbrief herstellt: Jemand, der auf Partnersuche ist, stylt sich besonders, um aufzufallen und einen Partner anzulocken, findet aber trotz oder gerade wegen der verbissenen Suche niemanden. Aber ausgerechnet an dem Tag, an dem die partnersuchende Frau ungeschminkt und mit ungekämmten Haaren an der Kasse des Drogeriemarktes ansteht, um das Haarspray zu bezahlen, da findet irgendjemand die Frau toll, da ist sie so, wie sie ist, und nicht, wie sie sich herausputzt, da wird sie angesehen.

Der ganze Sinn von Schmuck und Schminke wird in dem Beispiel deutlich: Die Kosmetik muss das eigene Ich unterstreichen, darf es aber nicht übertünchen. Der Duft eines Parfums ist etwas Flüchtiges, er soll die Persönlichkeit des Trägers hervorheben und sie nicht vernebeln.

Diesem »als ob nicht« werden wir noch einmal begegnen auf dem Weg der Entrümpelung des Geistes, wenn wir die Frage nach den Abhängigkeiten behandeln: Dominieren mich die Dinge, oder habe ich sie im Griff? Bin ich davon abhängig, oder bin ich frei? Brauche ich die äußeren Dinge, um meinen Selbstwert zu finden, oder finde ich ihn in mir? Auch die Außensicht kann helfen: Finden mich die

Menschen interessant, weil ich ich bin oder weil ich ein bestimmtes Auto oder ein schönes Haus oder eine tolle Firma habe.

Das waren auch meine ganz persönlichen Ängste nach meinem Weggang aus Kloster Andechs: Wenden sich viele Freunde beziehungsweise Bekannte von mir ab? Besteht mein Selbstwert im »geliehenen« Ansehen als Andechser Mönch, Cellerar[4] und Prior, oder ist es meine Person, die auszustrahlen vermag? Erstaunt nahm ich wahr, dass gerade die verletzenden Umstände meiner Trennung vom Kloster die Akzeptanz bei meiner alten/neuen Klientel, den Führungskräften der Wirtschaft, eher erhöht hatten: Nun hatte ich auch diese Erfahrung machen müssen, dass man als verantwortlicher Leiter eines Unternehmens immer auch auf einem Schleudersitz hockt und dass menschliche Gefühle wie Neid und Eifersucht zum Fallstrick werden können.

Ich selbst empfinde, wenn ich gelegentlich in der Öffentlichkeit erkannt und angesprochen werde, es als einen Akt des freundlichen Miteinanderkommunizierens, und ich gebe zu: Es freut mich. Ich könnte mir aber gut auch Folgendes vorstellen: Wenn diese äußere Aufmerksamkeit für jemanden zum eigenen Wesen geworden ist, wenn man ohne das Brimborium eines glanzvollen Auftritts mit rotem Teppich, dem Blitzlichtgewitter der Fotografen, den Fernsehkameras, der Stretch-Limousine nicht mehr auskommt, was bleibt dann übrig von der mühsam aufgebauten Fassade? Ist der nackte Mensch dahinter sich selbst genug und ansehnlich? Oder lebt er nur vom äußeren Schein? In solchen Momenten ist man ganz auf sich verwiesen: Was ist Dekor, was ist das Wesen, was bleibt, und was vergeht?

Ich beobachte dieses Problem des Verlusts von Ansehen aufgrund eines beruflichen Wechsels bei vielen Menschen, die etwa mit dem Ausscheiden aus einer Position plötzlich ins Leere fallen. Man wird nicht mehr eingeladen, weil man nicht mehr auf der Liste der wichtigen Persönlichkeiten steht. Man hat keinen Dienstwagen mit Chauffeur mehr, man muss selbst die Telefonnummern aus der Adressenkartei suchen und anrufen. Steht und fällt die Bedeutung eines Menschen mit den äußeren »Insignien« seiner Position und Macht? Die Frage muss sich jeder stellen. Und auch die berühmte Frage nach den Freunden. Du änderst dein Leben, deine Position, dein Image – wer bleibt als Freund? Wer war nur ein beruflich bedingter Bekannter, der sich aber doch massiv in dein Leben gedrängt hat?

Wichtig ist deshalb von vornherein, sich ein soziales Netz echter Freunde zu schaffen, die einen schützend tragen. Der schon in der Antike so verkannte Philosoph Epikur mahnt in seinen *Kyriai Doxai* (Maßgebende Sätze) zur vernunftgeleiteten Suche nach wahren Freunden: »Von allem, was die Weisheit für die Glückseligkeit des ganzen Lebens bereitstellt, ist der Gewinn der Freundschaft bei weitem das Wichtigste.« Und: »Jede Freundschaft ist um ihrer selbst willen zu pflegen. Sie entstand aber, weil sie nützlich war.« Deshalb: Habe, als hättest du nicht! Als Einübung in das Loslassen sollte man sich zuerst um die Gelassenheit im Umgang mit den Menschen bemühen. Jeder Mensch ist ein Individuum mit der gleichen komplizierten Grundstruktur sozialen Interagierens, die immer wieder zu kleinen und großen Konflikten im täglichen Miteinander führt. Die Gestaltung der Beziehungen zu Mitmenschen ist eine dauerhafte Aufgabe des Lebens, oder wie es der skandinavische Lama Ole Nydal ausdrückt: Beschäftigst du dich mit dir selbst, hast du ein Problem, beschäftigst du dich mit anderen, hast du eine Aufgabe.

Wie wichtig ist mir diese Aufgabe? Habe ich vor, nach meiner Pensionierung Briefmarken zu sammeln, oder erfahre ich Erfüllung meines Lebens durch die Dankbarkeit anderer Menschen, weil ich mich um sie bemüht habe? Wenn wir Aufmerksamkeit haben wollen, müssen wir sie zuvor schenken. Wie man in den Wald hineinruft, so schallt es zurück. Nochmals Epikur: »Ein Freund ist weder derjenige, der in allem den Nutzen sucht, noch derjenige, der niemals an den Nutzen denkt. Denn der eine erhandelt sich mit seiner Zuneigung eine Gegenleistung, der andere erhofft sich nichts für die Zukunft.«

Ein Schlüssel zum wesentlichen Dasein, zum glücklichen Dasein, zu dem, was die alten Griechen die Eudaimonia genannt haben, ist die Einstellung: Nicht durch Anhäufung von Reichtum kann ich mich glücklich machen. Der Reichtum gehört mir nicht. Letztlich geht es um den inneren Reichtum, der mich befähigt, für andere da zu sein. Dieser Reichtum wird auch nicht von Rost und Motten zerfressen, wie es Jesus ausdrückt. Eine häufige Frage bei Interviews mit berühmten Zeitgenossen ist ja: Welche drei Dinge würden Sie auf die Robinson-Insel mitnehmen? Was ist im Letzten wirklich wichtig und wesentlich für mein Leben?

- Entrümple deinen Geist!
- Dringe vor zum Wesentlichen!
- Habe, als hättest du nicht!
- Definiere dich aus dir selbst,
  aus deinen eigenen Werten,
  nicht durch das Angesehenwerden
  von anderen!
- Suche dir wahre Freunde!
- Bestimme in regelmässigen Abständen
  ein paar der wichtigsten Dinge
  in deinem Leben!

Kapitel 7

Befreie dich von allem, was dich versklaven will

Alles, was einen im Leben versklavt, ist eigentlich schon wesentlich mehr als bloßes Gerümpel. Es handelt sich dabei ja nicht nur um Dinge, die Geist und Seele befrachten und die leicht wegzuräumen wären, sondern um Beziehungen und Besitztümer, von denen man in gewisser Weise mental abhängig geworden ist. Sich davon zu trennen ist eine der schwierigsten, aber gleichzeitig befreiendsten Erfahrungen unseres inneren, aber auch äußeren Lebens. Es geht also um einen Akt der Befreiung, um eine Erfahrung der Freiheit, eines der Grundwerte des modernen Menschen, der gerade deshalb auch sehr gefährdet ist.

In meinem spirituellen Werdegang fand ich eine der wichtigsten Erkenntnisse in der Interpretation der Zehn Gebote, wie sie der berühmte Freiburger Alttestamentler Alfons Deissler in seinem Buch *Ich bin dein Gott, der dich befreit hat – Meditationen über die Zehn Gebote* vorgelegt hat. Bis dahin hatte ich die Zehn Gebote vor allem im Zusammenhang des katholischen Beichtspiegels kennengelernt, sei es in meiner eigenen religiösen Sozialisation als Erstkommunionkind, Heranwachsender und schließlich Mönch oder als Seelsorger und Katechet und Spender des Bußsakramentes. Obwohl ich selbst den ersten Religionsunterricht von Salesianerpatres erhielt, die – da die Jugendseelsorge ihre besondere Aufgabe ist – sehr einfühlsam auf Kinder und Jugendliche einzugehen vermögen, hatte dieses Leben nach den Zehn Geboten vor allem in der Ausformulierung der Gebet- und Gesangbücher etwas Einengendes, Angstmachendes, auf jeden Fall wenig bis gar nichts Befreiendes an sich gezogen. Im alten *Gotteslob*, wie das Münchener Kirchengesangbuch hieß, standen die Zehn Gebote mit dem Vorspruch: Ich bin der Herr dein Gott. Dann ging's gleich los: 1. Du sollst keine fremden Götter neben mir haben!

Alfons Deissler macht darauf aufmerksam, dass es vor allem die Verkürzung dieses Vorspruchs ist, die das Missverständnis der Zehn Gebote und damit ihre unheilvolle Wirkung als Drohworte befördert. Im biblischen Original heißt dieser Prolog: »Ich bin Jahwe, dein Gott, der ich dich aus Ägypten, dem Sklavenhaus, herausgeführt habe.« Das Volk Israel hat die Zuwendung seines Gottes am fundamentalsten in der Befreiung aus Ägypten erfahren. Unser Wort Erlöser oder Heiland weist im Hebräischen vor allem auf die Tat des Befreiens und des In-die-Freiheit-Setzens hin. Die folgenden Gebote, die im biblischen Original gar nicht in einer juristischen Sprache, sondern in Ausdrücken ethischer Unterweisung geschrieben sind, dienen dazu, diese einmal geschenkte Freiheit zu bewahren und sich nicht erneut in eine innere, selbstgewählte Sklaverei und Abhängigkeit zu begeben.

Wir übersetzen die Anweisung der Gebote mit dem Imperativ: Du sollst! Oder du sollst nicht! Das hebräische Original hat aber eine Form des Futurs, das beides enthält in einer eigenartig schillernden Doppeldeutigkeit: Du wirst! Also konkret: Du wirst den Sabbat heiligen! Du wirst nicht morden! Und so weiter. Da wird klar, was es in der Zusammenschau mit dem Vorspruch eigentlich bedeutet: Weil ich dir einmal die Freiheit geschenkt habe, wirst du diese und jene Dinge nicht tun. Das Einhalten der Gebote ist also nicht mehr die Bedingung für die Zuwendung Gottes, sondern es ist genau umgekehrt: Sie ist die Konsequenz daraus. Dies hatte für mich, der ich in einer vom menschlichen Leistungsdenken herkommenden Gottesbeziehung befangen war, eine ungeheuer befreiende Wirkung. Ich erkannte schlaglichtartig: Ich muss mir die Liebe Gottes nicht verdienen, sondern seine Erlösung (nur ein anderes Wort für die dauerhaft zugesagte Zuwendung) ist mir vorher schon geschenkt, und mein ethisches Verhalten ist meine Antwort auf das Wort Gottes. Dies bringt dann aber auf der anderen Seite eine ungeheure Eigenverantwortung des Menschen mit sich. Gott macht ein schier unglaubliches Angebot, und an uns liegt es, dieses anzunehmen oder abzulehnen. Gottes helfender Arm bleibt immer ausgestreckt, nur wir können einschlagen oder ablehnen. Diese Erkenntnis befreit und schafft Verantwortung in einem!

Ein anderer Zugang zum Thema Versklavung und Befreiung ist der Weg der Stoa, einer philosophischen Schule der Antike. Diese Denkrichtung hat über den Weg des Christentums, das viele Anschauungen der Stoiker in sich aufgenommen hat, auch unser Denken, mehr, als uns bewusst ist, beeinflusst. In der Rede von der stoischen Ruhe, die ein Mensch ausstrahlt, wird etwas davon übermittelt, was mit dem Stoizismus in unserem Zusammenhang gemeint sein könnte. Für einen Stoiker gibt es nur das unbedingt Anzustrebende, die Tugend, und das genauso unbedingt Abzulehnende, das Laster. Alle Dinge dazwischen sind neutral oder indifferent, auf Griechisch adiaphora.

Allerdings ist der Mensch von Natur aus darauf angelegt, einen Teil der eigentlich wertneutralen Dinge wie Gesundheit an Leib und Seele, Reichtum und Ansehen dem jeweiligen Gegenteil vorzuziehen. Da, wo das Laster nicht in Frage steht, wird der Vernünftige die Aneignung dieser Dinge ihrem Gegenteil vorziehen, ohne sich allerdings in irgendeiner Weise von ihnen abhängig zu machen. Seneca, ein bedeutender römischer stoischer Gelehrter, der Erzieher des späteren Kaisers Nero, beschreibt die Konsequenz dieser inneren Unabhängigkeit in seinem kleinen Büchlein *Vom glücklichen Leben:* »Wer solchermaßen gefestigt ist, den begleiten mit unausweichlicher Notwendigkeit eine beständige Heiterkeit und eine tiefe, tiefe Freude, da er das Seine genießt und Größeres als das, was ihm zusteht, nicht begehrt.«

Eine sehr leicht festzustellende Form von Abhängigkeit ist die Sucht. Sie ist aber zugleich die am schwierigsten abzustellende und aufzugebende. Man muss ja nicht gleich an die zerstörerischste Art der Sucht, die Drogenabhängigkeit, denken. Es gibt viele Möglichkeiten, süchtig zu werden, das heißt sich Verhaltensweisen anzueignen, auf die man aufgrund eines seelischen oder körperlichen Zwangs glaubt nicht verzichten zu können. Wo macht uns gerade die moderne Welt süchtig jenseits der offenkundigen Formen? Eine der subtilsten Suchtformen scheint mir die Sucht nach Freizeit zu sein, vor allem in Gestalt einer genauestens durchgeplanten und durchgestylten Freizeitkultur, wenn man in diesem Zusammenhang überhaupt von Kultur sprechen kann. Das Wort Kultur kommt ja von dem lateinischen colere und bedeutet »bearbeiten, bewahren, verehren«. Ein Wort aus der Landwirtschaft, die ja bekanntlich wegen ihrer Abhängigkeit von den Jahreszeiten sehr zeitintensiv ist. Man muss sich Zeit nehmen, sich Zeit lassen, um sich mit Kultur zu beschäftigen. Eine echte Freizeitkultur hat daher mit Zeit zu tun, die man hat, nicht eine Zeit, die man mit Aktivitäten im Stundentakt totschlägt, weil man es nicht mehr aushält, dass Zeit einfach vergeht. Es wird zur Sucht, die Zeit, die frei sein sollte von Arbeit, mit dem Gerümpel verschiedenster »Freizeitsportarten«, figürlich ablesbar an den Geräten oder Kleidungen, vollzupacken.

Unsere Jugendkultur erlebt allerdings eine Steigerung, die zum Gegenteil führt, zum »Rumhängen«, dem Chill-out. Wir wollen Party machen wird zum Synonym für, wir suchen einen Ort, wo was los ist. Dort gibt es dann die Chill-out-Lounge, den Raum, wo man Entspannen kann ohne laute Musik mit Softgetränken im Angebot. Der Moment der Freiheit und Unabhängigkeit, den das Entspannen eigentlich bieten will, wird durch das Organisierte und Angebotene schon wieder zunichtegemacht und verplant, wie die Happy Hour in den Cocktailbars, die ja zuvörderst den Konsum ankurbeln soll mit ihrem Angebot des halben Preises. Eine Perversion des Begriffs »glückliche Stunde«, die uns eigentlich ein Zeitfenster auftun könnte, das uns Vorstellungen von einem erfüllten Leben erahnen lässt. Religionen und Kulturen kennen die Notwendigkeit, den Menschen ein solches Zeitfenster zu eröffnen, indem ihnen eine Fest- und Feierkultur zur Verfügung gestellt wird, Zeiten, die aus dem Alltag herausgehoben sind und bewusst nicht dem dort geltenden Leistungsprinzip unterliegen.

Das sogenannte Sonntagsgebot des Christentums wäre dafür eigentlich ein Paradigma schlechthin. Das Wort »Gebot« lässt uns moderne, selbstbestimmte Menschen natürlich sofort misstrauisch aufhorchen, klingt es doch nach Verbot, Verordnung, Zwang. Gehen wir aber einmal zurück auf seinen Ursprung im »Zehnwort« des Alten Testaments, wie das Wort Dekalog (für die Zehn Gebote) richtig übersetzt werden sollte. Wichtig: Der Prolog, den man jedem der zehn Worte voranstellen muss, heißt:

»Ich habe dich aus dem Sklavenhaus, aus Ägypten herausgeführt ...«, dann geht's weiter in der Verheißung: »... deshalb wirst du den Sabbattag halten, um ihn zu heiligen. ... Sechs Tage sollst du arbeiten und all dein Werk verrichten. Am siebten Tag ist Ruhe (»schabbat«). ... Da wirst du keinerlei Werk tun, weder du noch dein Sohn noch deine Tochter noch dein Knecht noch deine Magd noch dein Ochs noch dein Esel noch dein Vieh, auch nicht der Fremde, der in deinen Toren weilt, damit dein Knecht und deine Magd ruhen können wie du. Denke daran, dass du Knecht warst im Land Ägypten und dass ich dich herausgeführt habe mit starker Hand und ausgestrecktem Arm.«

Es wird deutlich: Der wöchentliche Ruhetag, sei es der jüdische Sabbat oder der nach diesem Muster gestrickte christliche Sonntag, ist vor allem eine Zeitzone der Freiheit des Menschen, die sich auf seine ganze Umgebung und auf alle Lebewesen, mit denen er zu tun hat, erstreckt. Ein Raum zum Atemholen im Getriebe und Gewese des Leistung-bringen-Müssens.

Was haben wir mit unserem Sonntagsgebot daraus gemacht? Doch nichts anderes, als wieder eine Leistung eingefordert, die hauptsächlich darin bestand, den unter Sünde verpflichtenden Gottesdienstbesuch abzuleisten! Es ist ein ungeheures Angebot der Freiheit, das da eigentlich ausgesprochen wird, und nicht ein Zwang zum eventuell gar kirchlich verplanten Sonntag! Ein wöchentliches Feierangebot wird da gemacht, eine Einladung zu einem Fest, das die Freiheit und Unabhängigkeit des Menschen von jeder Art Versklavung feiern will. Wird uns das wirklich bewusst, wenn wir darangehen, das Wochenende zu verplanen, weil wir Angst haben, die Zeit könne uns ohne gewinnbringende Gestaltung zwischen den Händen verrinnen?

In den fünf Jahren, in denen ich Pfarrer einer kleinen Gemeinde in Machtlfing bei Andechs war, habe ich dieses Freiheitsgeschenk des Sonntags versucht in meinen Predigten immer wieder zu vermitteln: den Landwirten, die noch das Sonntagsgebot ganz traditionell verstanden, aber natürlich auch konfrontiert waren mit der Jugendkultur, die am Freitag und Samstag die Dorfjugend erst um elf Uhr abends zum Weggehen animierte, das hieß hier konkret, mit dem Auto ganz schöne Strecken bis zur Land-Disko in einem Ort mit dem lustigen Namen Spatzenhausen zurückzulegen. Eltern klagten mir gegenüber häufig, dass die jungen Leute am Sonntagmorgen nicht bereit waren, zum Gottesdienst aufzustehen, der wegen Stallarbeit, Mittagessenzubereitung und des sonntäglichen Frühschoppens der Männer nicht anders als auf neun Uhr gelegt werden konnte. Ich habe den Eltern dann geraten, es über den Gottesdienstbesuch nicht zum Streit kommen zu lassen und nicht zu sagen: »Ihr müsst in die Kirche gehen«, sondern es als Angebot und Einladung in Freiheit zu formulieren: »Ihr dürft in die Kirche gehen.«

Ich erinnere mich noch gut an eine Bäuerin, die mir die Reaktion ihres achtzehnjährigen Sohnes geschildert hat, als sie am Sonntag um acht an sein Bett kam und ihm sagte: »Du darfst in die Kirche gehen.« Er hat gebrummt und sich wieder die Bettdecke über den Kopf gezogen. Ein Patentrezept konnte ich damit auch nicht liefern, doch es war für mich ein Musterbeispiel für die Schwierigkeit, junge Menschen an den verantwortlichen Umgang mit ihrer Freiheit heranzuführen. Gleichzeitig erlebte ich aber auch das große Problem der »Erziehungsberechtigten«, dass Freiheitserfahrung in der nächsten Generation anderen Werthierarchien unterliegt als in der eigenen. Man möchte den eigenen Kindern auf ihrem Weg zum Erwachsenwerden und zur Selbständigkeit die Unabhängigkeit sichern, steht aber fassungslos vor deren »Sucht«, sich dem Wochenendstress des »Saturday Night Fever« auszuliefern. Es gibt nur eines, will man nicht einen ständigen Streit über die verschiedenen Auffassungen von bestimmten Werten im Haus haben: die eigenen Werte leben und sie in ihrer Bedeutung für die eigene Freiheit und Unabhängigkeit gelassen und vorurteilsfrei darstellen, ohne sie im Übereifer schon von vorneherein anderen überstülpen zu wollen. Nur dadurch erhalten sie eine Attraktivität, die neugierig macht, und werden nicht als ständige Konfliktursachen dauerhaft belastet und abgelehnt.

Ein Bereich des menschlichen Daseins, der in besonderer Weise der Gefahr der Abhängigkeit unterliegt, ist sicherlich das Triebleben. Was genau ein Trieb ist und welche Triebe es gibt, darüber sind sich die verschiedenen Psychologenschulen nicht einig. Aber so viel kann man allgemein sagen: Es handelt sich um körperlich-seelische Antriebskräfte, die als dranghaft erlebt werden und ohne Vermittlung des Bewusstseins entstehen. Sie lösen eine Suche nach bestimmten Reizen und Handlungsweisen aus, die darauf ausgerichtet sind, den körperlich-seelischen Spannungszustand aufzuheben. Dies nennt man die Triebbefriedigung.

Eine klare Abgrenzung der verschiedenen menschlichen Grundtriebe wird dadurch erschwert, weil sie vermischt auftreten können und bei ihrem Zutagetreten schon immer durch geistig-seelische Steuerung beeinflusst sind. Im engen Sinn zählen zu den angeborenen Trieben der Nahrungs-, Geschlechts- und Gefahrenschutztrieb. Daneben gibt es auch Triebverhalten, das durch Bedürfnisse und Interessen hervorgerufen wird wie etwa die Leidenschaft, den Gesellungstrieb oder das Ordnungsstreben. Triebhaft besetzt sein können auch sekundär verfestigte Gewohnheiten wie zum Beispiel die Nikotin- und die Alkoholsucht.

Es ist eine menschliche Erfahrung durch alle Kulturen hindurch, dass die Triebe als Antriebspotenzial vitaler Energie einer vernunft- und willensbestimmten Steuerung bedürfen, um in ein sinn-, wert- und zielbestimmtes Handeln einer Person integriert werden zu können. Gleichwohl wurden der Kraft, die hinter den Trieben steckt, in der Antike göttliche Attribute zugeschrieben, die ihre unkontrollierte Vitalität zum Ausdruck brachten. Man denke nur an den griechischen Liebesgott Eros, dessen Pfeile Menschen und Götter willkürlich treffen und ihr Schicksal maßgeblich beeinflussen. Sogar über die Philosophie sagte man, sie sei aus dem Eros geboren.

Deshalb muss der Mensch durch Triebsteuerung diese integrative Aufgabe selbst übernehmen. Sicher wurde unter dem Einfluss mönchischer Askese, die im Laufe der Jahrhunderte zum Ideal nicht nur des Christentums, sondern auch des Buddhismus avancierte, in übertriebener Weise gepredigt, die Triebe auf das Notwendigste zu beschränken und ansonsten Triebverzicht zu praktizieren. Die Triebe erhielten damit eine freudlose und moralisierende Note. Gelegentlicher Überschwang in enggezogenen Grenzen – wie etwa bei der Entstehung des Karnevals beziehungsweise Faschings – unterstrich eher den ansonsten propagierten Triebverzicht. Aber gerade eine überzogene Askese begünstigt das heimliche Ausleben der Triebe und führt nicht zur heute so vehement eingeforderten Authentizität, dem »Echtsein« der Jugendsprache. Das griechische Wort Askese kommt vom Verbum askeo, das üben, trainieren, einüben bedeutet. Askese ist also das Training, mit dem ich die Balance meines Trieblebens einübe. Im Grunde eine Notwendigkeit für jeden Menschen, der ein ausgeglichenes, sinnerfülltes Leben führen will. Dies beinhaltet durchaus auch ein gelegentliches Über-die-Stränge-Schlagen, denn ich muss immer wieder den Weg der Mitte und des Maßes neu austarieren. Es geht um den Selbststand, der in persönlicher Unabhängigkeit gegenüber allen Mächten und Kräften, die mich in Abhängigkeit bringen könnten, erreicht wird.

Eine Episode aus der Zeit meiner Selbstfindung und dem Weg zum Mönchtum als Jugendlicher hat mich immer wieder fasziniert. Kurz vor meinem achtzehnten Geburtstag verdichteten sich die Anzeichen, dass meine Eltern, die als Kantinenwirte bei verschiedenen Münchener Firmen und Behörden zu einem bescheidenen Wohlstand gekommen waren, mir als Geschenk nicht nur den Führerschein, sondern auch den bisher von meinem Vater benutzten BMW 1800 machen wollten. Am Abend des eigentlichen Tages – damals noch nicht mit der Volljährigkeit verbunden – überreichte mir mein Vater einen großen Karton, der vorher als Verpackung einer Waschmaschine gedient hatte. Beim Überreichen merkte ich schon, dass er vor allem mit

Papier und Pappmaché angefüllt war. Etwas klapperte auch darin. Wie erwartet, lagen ganz unten ein Autoschlüssel und der Kfz-Brief. Mit der gebührenden, erwarteten Überschwenglichkeit bedankte ich mich bei meinen Eltern für das wahrlich großzügige Geschenk des väterlichen Wagens. Mit einem Augenzwinkern sagte mein Vater, ich solle mir doch den Kfz-Brief genauer anschauen: Siehe da, es war ein nagelneuer, orangenfarbener BMW 1602, den sie da für mich gekauft hatten.

Nun war natürlich meinem frisch geweckten Besitzerstolz keine Grenze mehr gesetzt. Ich erinnere mich noch gut, dass ich manchmal sogar an das nur um die Ecke gelegene Gymnasium mit dem Wagen vorgefahren bin, obwohl der Weg zur Garage weiter als der zur Schule war, und das Problem, in den engen Gassen um die Penne herum einen Parkplatz zu finden, kostete sehr viel Mühe und Zeit. Ich mache keinen Hehl daraus: Mein Herz hing an dem Ding. Damals war mir aber gleichzeitig immer mehr bewusst geworden, dass ich nach dem Abitur Theologie studieren wollte, und allmählich kristallisierte sich auch heraus, dass ich es mit dem Ziel des Priestertums anstreben wollte. Meinen Eltern war dies gar nicht recht, sie hatten mit mir andere Pläne: Ich sollte eine Lehre in der Gastronomie machen; anschließend wollten sie mit mir ein Hotel eröffnen. Der Sohn als Pfarrer war für sie eine Enttäuschung. Jedes andere Studium wollten sie finanzieren, aber nicht das Theologiestudium. Ich sah eine komische Situation auf mich zukommen: Ein kirchliches Stipendium ermöglichte mir den Aufenthalt im Priesterseminar, zu dem ich in meinem BMW vorfahren würde. Aber auf den Wagen einfach verzichten wollte ich auch nicht.

Am 17. Juni 1973, damals noch »Tag der deutschen Einheit« und ein Feiertag, fuhr ich mit der Münchener Pfarrgemeinde St. Bruder Klaus, bei der ich mich in der Ministrantenarbeit engagiert hatte, nach Bad Endorf im Chiemgau, um ein Theaterstück über den Pfarrpatron zu besuchen, den Schweizer Einsiedler Niklaus von Flüe, der im fünfzehnten Jahrhundert gelebt hatte. Ich ließ meinen Wagen vor der Kirche stehen und fuhr mit dem Bus der Pfarrei mit. Das Laienspiel war sehr beeindruckend, wenn auch nicht von höchsten künstlerischen Ansprüchen. Besonders packend war der Darsteller des Bruder Klaus alias Niklaus von Flüe. In jedem der drei oder fünf Aufzüge, wie viele es genau waren, ist mir nicht mehr erinnerlich, rezitierte er mit laienhafter Eindringlichkeit, die gerade deshalb umso tiefer ging, das berühmte Gebet des Einsiedlers, das zu meinem damaligen täglichen Gebetsschatz gehörte:

»Mein Herr und mein Gott, nimm alles von mir, was mich hindert zu dir. Mein Herr und mein Gott, gib alles mir, was mich fördert zu dir. Mein Herr und mein Gott, nimm mich mir, und gib mich ganz zu eigen dir.«

Während des Theaterstücks dämmerte mir allmählich, welch ungeheure Aussage eigentlich in diesem Gebet steckte: Es war im Grunde die totale Aufgabe seiner selbst – des Eigenwillens, wie es bei Benedikt von Nursia heißt – und die Übergabe an den Willen Gottes. Nichts sollte wichtiger sein als Gott. Er allein ist der Schatz, an dem das Herz hängt. Stand nicht in München das hochglanzpolierte, mit Hingabe gepflegte Auto, dem ein gutes Stück meines Herzens gehörte? Mit dieser Frage im Kopf trat ich nachdenklich die Heimreise mit dem Pfarrbus an. Als wir kurz vor Waldperlach, dem Münchener Stadtteil, in dem die Pfarrgemeinde lag, um die Ecke fuhren, sah ich schon von weitem Blaulicht blinken und eine Menschenmenge stehen. Näher gekommen, entdeckte ich dann mein Auto, total demoliert am Abschleppwagen hochgezogen. Ein aus der Stadt mit zu hoher Geschwindigkeit kommendes Fahrzeug war aus der Kurve geschleudert worden und hatte meinen und zwei andere geparkte Autos vollständig zu Schrott gefahren. Es gibt keinen Schaden, der nicht auch einen Nutzen hätte. Da meine Eltern den Wagen als Jahresfahrzeug von einer BMW-Mitarbeiterin gekauft hatten, wurde von der Versicherung mehr als die Kaufsumme ausgezahlt, da er als Neuwagen galt.

Ich berichte diese kleine Geschichte hier nicht, weil ich an ein wunderbares Eingreifen Gottes geglaubt hätte. Mir war bei der Angelegenheit bewusst geworden, dass ich dabei war, mein Herz an eine Sache, an ein Ding zu hängen. Gerade das Auto hat ja die Tendenz, nicht nur Statussymbol für viele Menschen zu sein, sondern auch zum wichtigsten erstrebenswerten Gut vor allem von jungen Menschen zu werden. Die Abhängigkeit von Zweitrangigem lässt sich oft gerade an der Frage ablesen, was einem das Auto bedeutet oder das Motorrad oder ähnliche kostspielige Gebrauchsgegenstände, denen man einen hohen Symbolwert zuerkennt. Lasse ich mich davon versklaven? Macht es mich abhängig? Den Geist von den Dingen, die abhängig machen, zu entrümpeln geht nicht geräuschlos vonstatten. Das geht nicht spurlos an einem vorüber. Befreiung ist dann immer ein schwerwiegender, heftiger Akt, der auch weh tun kann, vielleicht manchmal weh tun muss.

- ◈ Entrümple deinen Geist!
- ◈ Dringe vor zum Wesentlichen!
- ◈ Befreie dich von allem,
was dich versklaven will!
- ◈ Bedenke deine Abhängigkeiten
und Süchte!
- ◈ Entrümple deine Freizeit von zu viel
Planung!
- ◈ Trainiere die Balance deiner
materiellen und immateriellen
Wertvorstellungen!

KAPITEL 8

Bedenke, dass du nicht ewig bist

Noch die alten Gebetbücher meiner Kindheit kannten die aus dem christlichen Mittelalter stammende Übung vom guten Tod. Es ging dabei darum, das eigene Sterben zu trainieren, sich darauf gut vorzubereiten. In den Fürbitten der Litaneien hieß es damals noch: »Dass du uns vor einem jähen und plötzlichen Tode bewahren wollest.«

Dem gläubigen Christen war es ein Greuel, unvorbereitet sterben zu müssen. Heute erleben wir das genaue Gegenteil. Viele Menschen reden, wenn dieses Thema überhaupt angesprochen wird, davon, dass sie am liebsten einen Sekundentod ohne langes Leiden oder im Schlaf sterben würden. Ein Hinüberdämmern ohne die Begleitung betender und abschiednehmender Weggefährten und Familienangehöriger wäre für Menschen früherer Zeiten unvorstellbarer gewesen.

Der Tod und das Sterben werden in unserer Gesellschaft vollkommen aus dem alltäglichen Erleben verdrängt. Wie übrigens auch die andere Lebensgrenze, die Geburt. Sie wird zwar freudig begrüßt, aber auch das Gebären findet nicht mehr im eigenen Haus statt. Wir haben die Grenzüberschreitung des menschlichen Lebens aus unserem unmittelbaren Lebens- und Erlebnisbereich verdrängt. In einigen Fällen mag dies medizinisch geboten oder sozial verantwortlich sein, aber sicher nicht in allen.

Ich habe den Eindruck, das Entsetzen über die Leichenplastination durch geschickte Ausstellungsmacher ist eher dieser grundsätzlichen Verdrängung des Todes zuzuschreiben als der Achtung vor den Toten und deren Ruhe.

Noch für Goethe war es kein Problem, den Totenschädel seines Dichterfreundes Schiller bei sich zu Hause aufzubewahren und zusammen mit seinen Besuchern lange Zeit schweigend davor zu verharren. Die Vanitas-Gemälde in unseren Galerien zeigen Bilder der Vergänglichkeit, die ohne einen Schädel oder gar halbverweste Leichenteile nicht ihren künstlerischen Ausdruck fänden.

Woher kommt heutzutage die Verdrängung des Todes, unsere neue Form von »Todesangst«? Warum haben Menschen Angst vor dem Tod, vor Verstorbenen, vor Leichen, obwohl fast jeden Abend über unsere TV-Schirme Horrorfilme über Zombies, wiedergängerische Tote und blutsaugende Vampire flimmern und den Menschen spannungsvolle Schauer über den Rücken jagen?

Als kleiner Bub, aufgewachsen im Münchner Stadtteil Haidhausen, gehörte es zu unseren Mutproben, im nahe gelegenen Ostfriedhof durch die Leichenhalle zu gehen und voller Schauder die damals noch in offenen Särgen aufgebahrten Toten anzuschauen. Als Seelsorger lernte ich dann, mit Tod und Sterben professioneller umzugehen, wenn ich zum Versehgang[5] zu Sterbenden gerufen wurde und Tote auszusegnen hatte. Beim Tod meiner Mutter konnte ich dabei sein und zusammen mit Vater und Schwester eine Stunde am langsam erkaltenden Leichnam ausharren und Abschied nehmen.

Verdrängen wir mit dem Aussperren dieses zum Leben gehörenden letzten Schrittes denn nicht unbewusst auch die Erfahrung eigener Vergänglichkeit? Möchten wir denn nicht alle ewig leben? Oder gar ewig jung bleiben? Was tun wir, was tut die Medizin nicht alles, um das Leben zu verlängern und den Tod so weit und lange wie möglich hinauszuschieben? Sterben heißt Abschiednehmen von allem, was, und allen, die uns lieb und teuer sind. Das letzte Hemd hat keine Taschen, man kann nichts mit hinübernehmen, so sagt man leichtfertig, solange der Moment des Scheidens noch weit entfernt scheint. Da blitzt es auf, worum es geht: Es geht um die Frage, was ist uns im Letzten wirklich wichtig? Was ist das Wesentliche im Leben? Was hat bestand vor dem Schnitter Tod, dem Vetter Hein, wenn er mit der Sense rasch an unser Lager tritt?

Die moderne Wissenschaft hat ja immer mehr Felder unserer Lebenserfahrung beleuchtet und viele Dinge erklärt, die zu früheren Zeiten im Dunkel der Unwissenheit, der Ahnung oder mythischer Erklärungen lagen. Eigenartigerweise kann sie uns aber nicht sagen, was hinter dem Tor des Todes liegt. Dass der Körper des Menschen verfällt und wieder in den Kreislauf des Werdens und Vergehens eingeht, diese Erfahrung ist so alt, wie die Menschen darüber nachdenken können. Von den Tieren wissen wir, dass es Arten und Individuen gibt, die trauern können. Aber es gibt kein Tier, das einen Artgenossen bestattet. Das Kümmern um verstorbene Angehörige hat von Anfang an eine Verbindung zur Entstehung des Religiösen im Menschen.

Sicher, der Tote hat eine Würde, weil er ein Stück des Weges mit uns gegangen ist. Warum werden ihm aber Beigaben ins Grab mitgegeben, die oft den einzigen Aufschluss auf versunkene Kulturen geben können? Warum werden die Mausoleen und Grabkammern der Pyramiden ausgemalt mit Bildern des Lebens?

Irgendwie hat der Mensch die Ahnung, dass der Tod nicht das letzte Wort zum Leben ist. Das, was wir Geist oder Seele nennen, ist zu wertvoll, als dass es mit dem Körper in Verwesung übergehen kann. Und das Gerümpel, mit dem wir unseren Geist verstellen, geht nicht durch die enge Tür des Todes hindurch, wir müssen es an dieser Schwelle ein für alle Mal entsorgen. Hinter dem Todestor liegt jenes unendliche Reich des Geistes, die Transzendenz, die wir uns nur immer wieder mit den uns hier zur Verfügung stehenden Bildern ausmalen, aber in ihrer Eigentlichkeit nie erfassen werden können. Es mag Menschen geben, die sie leugnen oder denen es schwerfällt, an eine Existenz des Jenseits zu glauben. Allein die Tatsache, dass es unserem Geist und Verstand möglich ist, etwas Darüber-Hinausgehendes zu denken, gibt zu denken! Dadurch hat diese Transzendenz in der Geschichte des menschlichen Denkens eine ungeheure Wirkmacht entwickelt, der auch wir Modernen uns nicht entziehen können.

Die Religionen sagen uns, dass der Bereich des Jenseitigen die eigentliche Zielbestimmung des Menschen darstellt. Dass dieses Leben nur eine Vorbereitung für jenes unbekannte Land darstellt und dass wir hier mitwirken können daran, wie es uns dort ergehen wird. Dies hat sicher in der Geschichte der Menschheit zu häufiger Geringachtung des Diesseits geführt, die wir Individualisten und freiheitsliebenden Menschen der Moderne nicht mehr mittragen wollen. Auf der anderen Seite hat diese Vorstellung zu einer Stärkung ethischen Verhaltens beigetragen durch die Idee der Rechenschaft, die der Mensch für sein Leben ablegen muss. Es gibt eine Verantwortung für das, was ich hier getan und unterlassen habe, das ist die positive Seite der Rede vom Jüngsten oder Letzten Gericht. Wenn dieses Bild aus unserer Erfahrungswelt Angst und Schrecken verbreiten soll und zum Machtinstrument in der Hand von Religionsführern und anderen Herrscherfiguren verkommt, ist es nicht mehr tauglich in unseren Tagen. Wenn es aber anleitet zu ethischem und moralischem Verhalten und den Menschen zum Nachdenken über sein Tun und Lassen bringt, hat es seine Funktion erfüllt.

Jesus von Nazareth malt eindringliche Bilder vom Jüngsten Gericht Gottes und von den Kriterien, nach denen die Menschen beurteilt werden. Die große Gerichtsszene des Matthäusevangeliums (Matthäus 25,31–46) ist allen geläufig, die je mit christlichem Gedankengut näher in Berührung kamen. Die Völker werden zusammengerufen und voneinander geschieden, wie der Hirte die Schafe von den Böcken scheidet, die Schafe zur Rechten und die Böcke zur Linken. Was überrascht, ist die Begründung des Urteils: »Kommt her ihr Gesegneten meines Vaters, nehmt das Reich in Besitz, das seit der Erschaffung der Welt für euch bestimmt ist. Denn ich war hungrig, und ihr habt mir zu essen gegeben; ich war durstig, und ihr habt mir zu trinken gegeben; ich war fremd und obdachlos, und ihr habt mich aufgenommen; ich war nackt, und ihr habt mir Kleidung gegeben; ich war krank, und ihr habt mich besucht; ich war im Gefängnis, und ihr seid zu mir gekommen.«

Auf die Frage der Gerechten, wann sie ihn, den Menschensohn, denn je in einer solchen Lage gesehen hätten, antwortet der Richter: »Amen, ich sage euch: Was ihr für den geringsten meiner Brüder getan habt, das habt ihr mir getan.« Die Böcke werden dafür verurteilt, weil sie all das bei den geringsten der Brüder unterlassen haben. Es wird nicht ein einziges Mal die Frage nach Frömmigkeit, Gottesdienstbesuch, ja nach Gottesliebe und Gehorsam gegenüber seinen Dienern auf Erden gestellt, nach Gesetzestreue oder Wohlverhalten staatlichen Vorschriften gegenüber, einzig und allein Taten der Liebe gegenüber den geringsten der Brüder oder deren Unterlassung sind Maßstab dafür, wie der Weltenrichter entscheidet. Ich habe diese Gerichtskategorie immer mehr als einen Stachel im Fleisch einer auf Machterhalt und Gewissensherrschaft bedachten Kirche gelesen. Jesus entwindet ihr auf seinem Weg durch die Geschichte immer wieder die Instrumente menschlicher Machtausübung und verweist auf die einzig wichtige Frage an die ganze Menschheit und jeden Einzelnen: Wie verwirklicht ihr das Gebot der Nächstenliebe? Wie geht ihr miteinander um? Welche Werte prägen euer Verhalten untereinander?

Ein weiteres Wort Jesu zielt ab auf unser Verhältnis zu den Dingen, von denen wir immer wieder abhängig zu werden drohen. Wieder im Matthäusevangelium, dieses Mal in der Bergpredigt (Matthäus 6,19–21), lesen wir:

»Sammelt auch nicht Schätze hier auf der Erde, wo Motten und Wurm sie zerstören und wo Diebe einbrechen und sie stehlen, sondern sammelt euch Schätze im Himmel, wo weder Motte noch Wurm sie zerstören und keine Diebe einbrechen und sie stehlen. Denn wo dein Schatz ist, da ist auch dein Herz.«

In der Frömmigkeitsgeschichte ist dieser Hinweis leider oft so verstanden worden, dass man durch ein Ansammeln guter Werke und einen Verzicht auf schöne und gute Dinge und Beziehungen hier auf Erden sozusagen auf ein himmlisches Konto einzahlen kann, dessen Zinsen man dann im Jenseits genießen könne. Aber eigentlich geht es Jesus darum, auf die Vergänglichkeit all der Erscheinungen dieser Welt hinzuweisen und darauf aufmerksam zu machen, was das wirklich Unvergängliche, Wichtige und damit Wesentliche im Leben ist. Es kommt darauf an, dieses Bewusstsein der eigenen Vergänglichkeit und der Verpflichtung, Verantwortung für das Leben zu übernehmen, ständig wachzuhalten.

Benedikt von Nursia beschreibt im vierten Kapitel seiner Regel die Werkzeuge der geistlichen Kunst. Es handelt sich um die Zusammenstellung eingängiger kurzer Weisungen aus der biblischen und klösterlichen Literatur. Dort steht das kleine Sätzchen: »... den unberechenbaren Tod täglich vor Augen haben.« Damit gewinnt für den Mönch alles Irdische den Charakter des Vorläufigen.

Diese Haltung wird im Alltagsleben des Klosters ritualisiert, ganz besonders beim Nachtgebet, der Komplet[6], die den Tag vor dem Zubettgehen beschließt. Seit der Antike bilden die Gottheiten des Todes und des Schlafes, Thanatos und Hypnos, ein Geschwisterpaar. Jeder Abschied vom Tag, bevor man sich dem Schlaf anheimgibt, ist so eine Erinnerung an das Sterben und Vorausnahme des Todes. In der Komplet der Mönche wird die eigene Seele Gott anempfohlen in dem Vers: »In deine Hände empfehle ich meinen Geist«, einem der sieben letzten Worte Jesu vor seinem Tod am Kreuz. Und im Lobgesang des greisen Simeon, als er das Knäblein Jesus auf den Armen hält, heißt es: »Herr, nun kann ich in Frieden sterben, denn du hast dein Versprechen eingelöst! Mit eigenen Augen habe ich es gesehen: Du hast dein rettendes Werk begonnen, und alle Welt wird es erfahren. Allen Völkern sendest du das Licht, und dein Volk Israel bringst du zu Ehren.« Gleichzeitig spielt der Text mit einem anderen Symbol der Nacht und des Todes, mit dem Gegensatz von Finsternis und Licht. In vielen Klöstern wird die Komplet nur mit dem Licht weniger Kerzen beleuchtet gesungen, da sie täglich die gleichen Texte wiederholt, und man sie daher auswendig kennt. Ein eindringliches Ritual von Dunkelheit und gleichzeitiger Geborgenheit, das die Nacht des Todes und die Zuversicht beinhaltet, am Morgen das Licht der Sonne – und sei es der ewigen Sonne, die den auferstehenden Christus repräsentiert – wiederzusehen.

Der Buddhismus ist in seiner Auseinandersetzung mit dem Tod noch radikaler. Achtmal am Tag, sagt der Dalai Lama, denke er in seiner Meditation über den Tod nach. Er bereitet sich so täglich auf den Tod vor. »Wir können dem Tod gegenüber zwei Haltungen einnehmen: ihn nicht beachten oder ganz bewusst die Tatsache annehmen, dass unser Leben einmal ein Ende nehmen wird. Da wir ohnehin sterben müssen, ist es sinnlos, uns darüber zu sorgen. Wenn wir lernen, so zu denken, dann kann sich die Todesangst verringern. Natürlich kann der Tod dadurch nicht besiegt werden. Wir Buddhisten glauben, dass wir beim Sterben die tiefsten und heilbringendsten Erfahrungen sammeln können.«

Alter, Krankheit und Tod gelten im Buddhismus als Götterboten. Anstatt vor ihnen durch Ablenkung in Hektik und Lärm wegzulaufen, macht sich der buddhistische Mönch mit diesen Dingen in der täglichen Meditation bekannt und vertraut. Wenn man sich die Tatsache, dass unser

Leben in einem engen Zusammenhang mit Leiden, Sterben und Tod steht, immer wieder bewusst macht, dann wird sie zur zweiten Natur. »Dann können wir das Leben in Glück und Leiden als eine Einheit annehmen und brauchen uns nicht vor dem Gedanken ängstigen, dass wir einmal von allem Abschied nehmen müssen.« Der Buddhismus kennt zwar kein Jüngstes Gericht, aber dennoch eine andere Form von Belohnung und Strafe, nämlich die Wiedergeburt in einer höheren oder niedrigeren Daseinsform. Der Mensch, der durch Meditation zu Achtsamkeit und Mitleid befähigt wird, gelangt nach dem Tod in eine höhere Daseinsstufe. Deren Endziel ist der Eingang in das Nirwana, das nur unzureichend mit dem deutschen Wort »Nichts« bezeichnet wird. Der Buddhismus in seiner Reinform kennt ja keinen personalen Gott in unserem westlichen Sinn. Das Nirwana ist wohl eher mit Vorstellungen des mittelalterlichen Denkers Nikolaus von Kues oder von Mystikern wie Meister Eckhart gleichzusetzen, bei denen Gott über allen Gegensätzen steht. Gott ist für sie die Aufhebung aller Antinomien, in ihm fallen Sein und Nichts zusammen.

Die griechische Philosophie, die unser abendländisches Denken neben dem Christentum ganz wesentlich beeinflusst hat, nahm ihrerseits Einflüsse aus dem vorderasiatischen Raum in sich auf. Die Wiedergeburtslehre wird in der Schule des Pythagoras rezipiert. Auch Plato, der als einer der größten abendländischen Philosophen gilt, hat sich mit dieser Lehre befasst.

Andere wiederum haben mit dem Problem des Todes einen ganz modern anmutenden Umgang. Der leider von der Nachwelt völlig zu Unrecht als Hedonist verleumdete Epikur, der Gründer einer Philosophenschule, die nach ihrem Versammlungsort auch als »Garten« bezeichnet wurde, hat eine ganz pragmatische Lösung gefunden, wie wir mit dem Tod umgehen können. Er versteht seine Philosophie vor allem als Hilfe zur Angstbewältigung. Er konstatiert drei Grundängste des Menschen: die Furcht vor den Göttern, die Angst vor dem Tod und die Angst vor dem Schmerz. Freiheit vom Schmerz bezeichnet er als Lust. Da ihm diese wichtig ist, wurde er als Propagandist der Lust verschrien, der das bloße Streben nach Lustempfindungen befürworte. Wer sich allerdings eingehend mit seinem Denken befasst, wird bald feststellen, wie sehr ihm über zweitausend Jahre hinweg Unrecht geschehen ist, so dass heute noch als Epikureer bezeichnet wird, wer in unseren modernen Worten die Spaßgesellschaft propagiert. Vor den Göttern braucht ein Jünger des Epikur sich nicht zu fürchten, weil sie als unvergängliche und in sich ruhende Wesen »weder selbst Sorgen haben noch sie einem anderen bereiten. Sie werden weder durch Wutausbrüche noch durch Gunsterweise beansprucht; denn alles derartige gibt es nur bei einem schwachen Wesen.«

Als konsequenter Anhänger des Atomismus – also der Lehre, dass alles Seiende (übrigens auch die Götter) aus unvergänglichen Atomen besteht – ist für Epikur auch die Seele aus überaus feinen Atomen zusammengesetzt. Sie ist dafür verantwortlich, dass wir ein Bewusstsein haben und fühlen, denken und wahrnehmen können. Die Seele ist für ihn – ganz in Übereinstimmung mit vielen modernen Philosophen und Biologen – etwas, das gleichsam als ein Ergebnis der komplizierten Nervenschaltungen des Gehirns angesehen werden muss. Brechen diese zusammen, wie es im Tod der Fall ist, muss sich auch das, was wir Seele, Geist oder Bewusstsein nennen, auflösen. Für seine Zeitgenossen musste diese Auffassung wie ein Befreiungsschlag wirken. Sie kannten aus ihrer Mythologie den Hades, eine Art antiker Hölle, in dem die Seelen der Verstorbenen ein ewiges Schattendasein fristen mussten, es sei denn, sie hatten im Leben Taten vollbracht, für die sie besonders bestraft wurden – wie etwa Sisyphus, der sinnlos immer wieder einen Stein auf einen Hügel hinaufrollen musste, der dann auf der anderen Seite wieder herunterrollte.

Epikur schreibt in einem Brief an seinen Freund Menoikeus: »Das schauererregendste aller Übel, der Tod, betrifft uns überhaupt nicht; wenn ›wir‹ sind, ist der Tod nicht da; wenn der Tod da ist, sind ›wir‹ nicht. Er betrifft also weder die Lebenden noch die Verstorbenen, da er ja für die einen nicht da ist, die anderen aber nicht mehr für ihn da sind. Der Weise indes weist weder das Leben zurück, noch fürchtet er das Nichtleben; denn weder ist ihm das Leben zuwider, noch vermutet er, das Nichtleben sei ein Übel.« Wie nun das Leben so zu gestalten ist, dass man es nicht zurückweisen muss, ist Inhalt seiner Lehre vom lustvollen, das heißt schmerzfreien Leben. Dabei geht es ihm wie allen Philosophen der Antike um das »gute« Leben. Gut bedeutet nicht »angenehmes«, sondern sinnvolles, in sich ruhendes, ausgeglichenes, »erfülltes« Leben. Das verstehen die alten Griechen unter Glückseligkeit, der berühmten Eudaimonia.

Eigenartigerweise und unvermutet treffen sich hier religiöse und atheistische Anschauungen über das Leben und sein Ende: Angesichts des Todes, sei er nun Auflösung und absolutes Ende oder nur Übergang in eine andere Existenzweise, muss der Mensch ein gutes Leben führen. Der

Tod und die gedankliche Beschäftigung mit ihm helfen dabei, sich in diesem Leben um die wahre Glückseligkeit zu bemühen. Wenn du Abschied nimmst von diesem Leben, musst du ein sinnvoll gelebtes Leben zurücklassen können, das Bestand hat vor dem, was danach kommt. Daraus ließe sich eine neue Art eines ethischen Imperativs formulieren: Handle stets so, dass dein Tun und Lassen unter dem Aspekt der Ewigkeit (sub specie aeternitatis) Bestand hat.

Wir kennen ja die berühmte Frage in Interviews: »Welche drei Dinge würden Sie auf eine einsame Insel mitnehmen?« Angesichts des eigenen Todes könnten wir uns täglich die Frage stellen: »Welche drei Dinge sind mir wirklich wichtig in meinem Leben?« Die Antworten würden sich im Laufe eines Lebens ändern, so wie sich unsere Wertvorstellungen ändern in den verschiedenen Phasen unseres Daseins. Sie ergäben, aufgeschrieben in ein Tagebuch, eine interessante Geschichte der eigenen Entwicklung, die wieder für sich Gegenstand der Meditation sein könnte.

Von vielen großen Menschen sind ihre letzten Worte vor ihrem Tode überliefert. Auch sie drücken etwas aus von dem, was ihnen wichtig war in ihrem Leben. Am geheimnisvollsten empfinde ich Goethes letzten Wunsch nach »mehr Licht«. Er ist für viele Deutungen und Interpretationen offen. Sie reichen von dem Wunsch, dass der Vorhang vor dem Fenster zurückgezogen werden solle, bis zu dem Ruf nach endgültiger Erleuchtung, die er sich vom Tod und von dem, was danach kommt, erhoffte.

Ich glaube, dass der tägliche Gedanke an den eigenen Tod zu mehr Erleuchtung über die wahren Werte unseres Lebens führen kann und dabei hilft, ein gutes Leben zu führen.

- Entrümple deinen Geist!
- Dringe vor zum Wesentlichen!
- Bedenke, dass du nicht ewig bist!
- Setze dich angstfrei mit deiner Sterblichkeit und dem Tod auseinander! Er gehört zum Leben.
- Frage dich angesichts deiner Vergänglichkeit, was dir im Letzten wirklich wichtig ist!
- Handle stets so, dass dein Tun und Lassen unter dem Aspekt der Ewigkeit Bestand haben!

Kapitel 9

Wisse, was du wissen sollst

Schon immer hat der Mensch filtern müssen zwischen wichtigen und überflüssigen Informationen. Eine Unmenge von Eindrücken stürzt tagtäglich auf uns ein: allein wenn ich den Blick schweifen lasse; wenn ich die Geräusche bewusst höre; wenn ich die Düfte und Gerüche riechen und Geschmäcker wahrnehmen will oder auch muss; wenn ich die Beschaffenheit der Gegenstände fühlen will. Das Einfallstor der Sinne ist zwar beschränkt, aber dennoch unendlich weit. Das Gehirn hat einen eingebauten Spamschutz, mit dem es die für mein Überleben wesentlichen Mitteilungen von den dafür unwichtigen Informationen unterscheidet. Dies ist eine genetische Veranlagung. Aus der Frühzeit der Menschheitsgeschichte waren nur die Informationen aus der Umwelt maßgebend, die das individuelle Weiterleben und das Fortleben der Gattung Mensch gewährleisten konnten. Der Blick, die Wahrnehmung waren dann in gewisser Weise eingeschränkt. Wir erleben das ja bei den Tieren, die mit uns leben. Beim Hund sind es der Geruchssinn und das Gehör, die gegenüber unserem eigenen Riechvermögen und der Wahrnehmungsfähigkeit von Geräuschen um ein Vielfaches besser ausgebildet sind, bei der Katze etwa die Nachtsichtigkeit.

Beim Menschen ist durch die Erweiterung seines Lebensraums auch eine breitere Sinneswahrnehmung möglich geworden. Er erhält Informationen aus der Umwelt, die für sein unmittelbares Überleben gar nicht mehr nötig sind. Damit einher gehen eine Bewusstseinserweiterung und der Beginn kultureller Entwicklung. Etwas kann als schön und gut empfunden werden, ohne einen unmittelbar ablesbaren Nutzen erkennen zu lassen. Diese »überflüssigen« Informationen tragen also ganz wesentlich zur Lebensqualität bei. Andererseits erleben wir aber gerade in der heutigen Zeit eine Zunahme von Informationen, die es schwer machen, die unnützen von den notwendigen zu unterscheiden. Muss ich alles wissen, was ich wissen kann? Eine Askese der Informationsaufnahme ist gefordert. Gerade im Zeitalter des Internets, das heißt der immer und überall verfügbaren, weltweit durchs Netz rasenden Informationen, ist es unverzichtbar zu werten. Wie kann ich aber vermeiden, dass mir die schier unübersichtliche Anzahl der Informationen, die auf meinen Bildschirm flattern, die Möglichkeit, zu sichten und zu werten, von vorneherein schon nimmt?

Die Erziehung zur Informationsauslese beginnt in unserer Geschichte schon sehr früh. Ein Exerzitienmeister aus dem Jesuitenorden hat einmal ein schönes und aufschlussreiches Beispiel erzählt, mit dem er den anwesenden Geistlichen das ständige Starren auf römische Verlautbarungen und die damit verbundenen Ängste nehmen wollte. Er sagte zuallererst: »Wenn Sie von einem päpstlichen Rundschreiben, in den letzten Jahrhunderten hat sich dafür die Form der Enzyklika eingebürgert, hören, so schauen Sie erst einmal darauf, an wen es gerichtet ist. Diese sind meistens an ›meine Brüder, die Bischöfe‹ adressiert. Das ist also zuerst einmal gar nicht an Sie gerichtet. Im besten Sinne: Es geht Sie gar nichts an! Stellen Sie sich mal vor, wie das vor dreihundert Jahren vonstatten ging, diese Informationskette. Der Papst schrieb an die Bischöfe, diese Schreiben wurden mit den damals üblichen Versandarten auf den Weg gebracht, über die Alpen per Boten, auf den Schiffen über das Meer. Dies nahm schon eine gewisse Zeit in Anspruch. Dann las der Bischof den päpstlichen Brief. Dann ließ er ihn erst einmal eine Zeitlang bei sich liegen und beriet mit seinem Domkapitel[7], wie der römische Wunsch am besten umzusetzen sei. Dies wurde in eine Mitteilung an die Dekane[8] gefasst, die wiederum schon die Situation des eigenen Bistums berücksichtigte. Auch das brauchte seine Zeit. Die Dekane nun besprachen die bischöfliche Anweisung bei den monatlichen Treffen mit den Pfarrern ihres Gebietes. Jeder Pfarrer kannte seine Gemeinde und wählte das aus, was er glaubte, seinen Schäfchen zumuten zu können.«

So funktionierte zentralistische Leitung vor der globalisierten Medienwelt. Sie konnte also gar nicht derart »durchregierend« sein, wie man dies heute gewohnt ist. Einfach aufgrund der Langsamkeit, die durch die Natur des Menschen vorgegeben ist. Rasche, weitgestreute Informationsübermittlung wird nur durch die Technik ermöglicht. Und diese ändert sich ständig. Der Mensch bleibt mit seinem Auffassungsvermögen aber seit Jahrtausenden der gleiche. Es gilt also auch hier das Prinzip anzuwenden: Bin ich als Mensch Herr der Informationstechnik, oder bin ich ihr Sklave? Werde ich getrieben, oder bestimme ich das Tempo? Bei vielen unserer gestressten und gehetzten Manager habe ich den Eindruck, dass sie sich diese Frage nicht mehr stellen.

Im Gegenteil: Es gilt als Zeichen von Vielbeschäftigung und Wichtigkeit, damit zu prahlen, wie viele E-Mails täglich auf dem PC erscheinen. Es ist ein ganz besonderes Zeichen von steter Präsenz, wenn bei jeder nur denkbaren Möglichkeit das Handy eingeschaltet wird oder der Black-Berry abgerufen wird. Mir erscheint ein solches Verhalten eher als das Armutszeugnis unselbständiger Menschen. Je höher man aufsteigt, umso mehr muss man zumindest den Anschein erwecken, immer erreichbar zu sein. Stellen wir uns mal vor, der Papst oder der amerikanische Präsident – nach allgemeiner Ansicht ja die Spitzenpositionen unserer Welthierarchie – hätten nicht irgendeinen Spamschutz der Erreichbarkeit; es wären keine ungezählten Filter eingebaut, die die Informationen für sie vorbereiten. Kaum vorstellbar, wie gestresst und gehetzt der Papst wirken würde! Wählen wir also aus! Filtern wir die Informationen! Glauben wir nicht länger, dass alles wichtig ist! Ich hatte einen erfahrenen Brauereidirektor in meinem klösterlichen Leitungsteam, der jedes Jahr an Silvester seinen Schreibtisch leerräumte und das meiste in den Papierkorb warf mit der Bemerkung: »Das, was wirklich wichtig ist, kommt schon wieder auf den Schreibtisch.« Dies war für mich damals in den Anfangszeiten meines Cellerarsdaseins sehr beeindruckend und auch anstößig. Es könnten doch für die Brauerei wichtige und entscheidende Dokumente oder Korrespondenz dabei sein! Erst im Laufe der Zeit ist mir die durch Erfahrung gewachsene Gelassenheit zu einer eigenen Haltung geworden.

Ein für jeden selbst erlebbares Beispiel ist die Tageszeitung, die man glaubt, unbedingt lesen zu müssen. Mir selbst geht es so: Schon als Schüler ist mir die tägliche Zeitungslektüre zur Gewohnheit geworden. Heute noch verbringe ich fast eine Dreiviertelstunde am Morgen mit

Zeitungslesen. Früher habe ich auf Urlaubsreisen versucht, jeden Tag an meine geliebte Zeitung zu kommen. Ich bin extra zum nächstliegenden Bahnhof gegangen oder gefahren – manchmal unter abenteuerlichen Umständen –, um dann doch nur eine manchmal zwei Tage alte Auslandsausgabe zu erhalten. Inzwischen konnte ich mich von dieser Zwanghaftigkeit befreien. Nach zwei, drei Wochen Abstinenz komme ich dann nach Hause und stelle fest, dass nichts Wichtiges geschehen ist, was ich nicht auch auf andere Weise erfahren hätte. Ich möchte hiermit niemanden vom Zeitungslesen abhalten. Ich habe noch immer die Mahnung meines hochverehrten Deutschlehrers im Ohr, der mich und meine Mitschüler geradezu moralisch dazu verpflichtete, eine Tageszeitung zu studieren, die der anderen politischen Couleur angehörte als man selbst, um nicht immer im eigenen Saft zu schmoren. Aber angesichts so vieler anderer Informationsmöglichkeiten, die wir heute haben, muss man sich schon ernsthaft fragen, wie viel Zeit für die Informationsaufnahme für die doch ziemlich gleichbleibenden Nachrichten aufgewendet, wenn nicht verschleudert wird, wie viel Infogerümpel sich im Gehirn ansammelt und den Geist vernebelt: Frühstücksfernsehen, viertelstündiges Inforadio, eigene Nachrichtensender in allen wichtigen Sprachen zeitversetzt rund um den Globus, dazu die Illustrierten und Wochenzeitschriften mit den Hintergrundessays, monatliche Hochglanzmagazine und so weiter, und so fort.

Man spricht heute davon, dass eine Informationsethik gefordert ist. Ihre Aufgabe besteht darin, generell die Möglichkeiten des Zugangs zu Informationen und den Umgang mit ihnen auf den Prüfstand zu stellen; dies ist sicher ganz besonders dringend bei der Festlegung von Regeln für den Gebrauch von Informationsmedien wie dem Internet. In diesem Bereich ist ganz besonders auch die Pädagogik gefordert. Der junge Mensch, der noch dazu von klein auf technisch wesentlich versierter in der Handhabung der Computertechnik aufwächst, braucht gleichzeitig eine ethische Hilfe im verantwortlichen Gebrauch der unendlichen Vielzahl an Möglichkeiten, die sich ihm dadurch eröffnen. Die anhaltende Diskussion über den Umgang mit Computerspielen, bei denen es um virtuelle Kämpfe und Tötung der Gegner geht, macht die Dringlichkeit immer wieder deutlich. Hinzu kommt die Anonymität des Mediums, die eine vorausschauende Kontrolle weitgehend unmöglich macht.

Das Problem der Kontrolle berührt allerdings einen empfindlichen Aspekt der modernen Demokratie, nämlich die Meinungs- und Informationsfreiheit, die erst in einem langwierigen Prozess, ausgehend vom Zeitalter der Aufklärung, durchgesetzt wurde. Der heutige Mensch unserer westlichen Prägung fühlt sich autonom, er gestaltet aus dieser Einstellung heraus sich selbst und seine Welt. Daraus resultiert sein Anspruch auf Mitsprache in politischen und gesellschaftlichen Fragen. Daher ist Informationsfreiheit in den modernen demokratischen Verfassungen als Grundrecht festgeschrieben. In der deutschen Rechtsauffassung gilt sie sogar als schlechthin konstituierend für die freiheitliche Gesellschaftsordnung. Sie darf nur eingeschränkt werden, wenn sie mit anderen Grundrechten konkurriert oder kollidiert sowie bei Gefährdung der demokratischen Ordnung. Doch die zunehmende Globalisierung und Konzentration der Informationsverbreitung erschweren die Durchsetzung notwendiger Schranken. Deshalb muss neben den juristischen Bemühungen unbedingt eine Kommunikationsethik treten, soll das Projekt der Demokratie nicht gefährdet werden.

George Orwells Roman *1984* hat für die Möglichkeiten solcher Gefährdung ein anerkanntes literarisches Modell geliefert. In dem totalitären System, das er schildert, wird die Herrschaft des »Großen Bruders« ganz gezielt über Verweigerung beziehungsweise Verfälschung von Informationen und durch allgegenwärtiges Bespitzeln der Bürger ausgeübt. Orwell hat seinen Roman aus der Erfahrung seiner Zeit geschrieben, als es im Nazideutschland ein eigenes Propagandaministerium gab, das den Zugang zu Informationen regelte und eigene Informationen willkürlich entstehen und verbreiten ließ. Die Erfahrungen im sowjetischen Machtbereich waren nicht viel anders.

Offensichtlich ist mit der Entstehung des Rechts auf Informationsfreiheit auch deren Angreifbarkeit gewachsen. Wir sprechen heute von der Wissens- oder Informationsgesellschaft. Schon bei dieser Doppelbezeichnung wird deutlich, dass es einen Unterschied gibt zwischen dem Begriff des Wissens und dem der Information und dass doch beide aufeinander bezogen sind.

Information ist zu einem Schlüsselbegriff heutiger Gesellschaften, ihrer Wissensvermittlung und deren Steuerung geworden. Die Informationstheorie befasst sich als Grundlagendisziplin mit den Bedingungen der Messbarkeit und Vergleichbarkeit von Informationsprozessen, etwa in biologischen oder technischen Systemen. Die Anwendung ihrer Ergebnisse auf gesellschaftliche Kommunikationsvorgänge führt zu beachtlichen ethischen Konsequenzen.

Der Begriff Information wird meist mit Nachricht gleichgesetzt. Eigentlich bezeichnet er aber nur den Neuigkeitsanteil einer Nachricht. Es muss bei jeder Mitteilung auf der Empfängerseite zwischen Neuem und schon Bekanntem unterschieden werden. Das eine wird als Informationsgehalt und das andere als Redundanzanteil bezeichnet. Der Verständlichkeitsgrad eines Textes ergibt sich nun aus dem Verhältnis von Neuem und Bekanntem. Je größer der Informationsgehalt, umso komplexer, je größer die Redundanz, umso verständlicher, aber auch umso inhaltsärmer und unattraktiver wird eine Mitteilung. Dies ist auch der Grund, warum regelmäßig die Bemühungen um sogenannte gute Nachrichten im Vergleich mit den meist von Katastrophen oder Problemen, Konflikten und Kämpfen geprägten »schlechten Nachrichten« scheitern. Ihr Informationsgehalt ist wesentlich geringer als ihr Redundanzanteil. Sie sind schlichtweg langweilig, weil sie das alltäglich Bekannte wiederholen. Das Verstörende hat immer einen höheren Neuigkeitswert und erhöht die Quote bzw. lässt sich besser verkaufen.

Informationsstörungen treten dann auf, wenn die Zeichen und Symbole, in denen eine Botschaft oft unbewusst verschlüsselt wird, von den Sendern und Empfängern nicht deckungsgleich verstanden werden.

Ein typisches Beispiel dafür ist die kirchliche Verkündigung. Die Botschaft der Bibel ist in ein zwei- bis dreitausend Jahre altes Sprachgewand gekleidet. Viele Begriffe und Symbole werden heute nicht mehr oder völlig anders verstanden. Mir fiel das immer wieder bei dem Begriff Jungfrau oder Jungfräulichkeit auf. In unserer heutigen Alltagssprache hat dieses Wort einen rein sexuellen und eher lächerlichen, angestaubten Klang angenommen. In der Welt des Alten und Neuen Testaments wird damit eine Fülle von Inhalten bezeichnet, die uns heute nicht mehr unmittelbar zugänglich sind, wenn wir das Wort hören. Es ging damals vor allem um soziale Beziehungssysteme in Familie und Gesellschaft, für die Jungfräulichkeit wichtig war – wie heute noch in Kulturen, die die sexuelle Selbstbestimmung des Menschen nicht kennen. Deshalb bemühen sich moderne Bibelübersetzungen, die eigentlich damit gemeinten Inhalte mit anderen Wörtern auszudrücken, und benutzen Begriffe wie Mädchen, junge Frau und ähnliche oft schrecklich banal klingende Ausdrücke.

Aufgabe des Predigers ist es, diesen großen Graben, der in den vergangenen Jahrhunderten entstanden ist, durch Interpretation und Auslegung zu überbrücken. Kirchliche Hierarchie hat eine natürliche Tendenz, Althergebrachtes beizubehalten, was sich auch in der Bewahrung der eigenen Sprachtradition ausdrückt. Man kann diese gehobene, pastorale Sprache schön finden, aber sie wirkt immer weniger hilfreich bei der Gestaltung unseres modernen Lebens. Dies ist sicher ein wichtiger Grund für die Ablehnung des kirchlich verfassten Christentums beziehungsweise für die Gleichgültigkeit gegenüber der kirchlichen Verkündigung durch unsere säkularisierte Gesellschaft: Man versteht einfach nicht mehr, was die kirchlichen Hierarchen sagen, sie verwenden Bilder und Zeichen, die den Menschen weitgehend bedeutungslos geworden sind. Das sagt noch nichts über die Inhalte aus. In der Sprache der Informationstheorie: Es herrscht eine massive Informationsstörung zwischen den Kommunikatoren und den Rezipienten, zwischen den Sprechenden und den Zuhörenden.

Information, so haben wir oben gesagt, dient der Wissensvermittlung. Damit erhebt sich aber von neuem die Frage: Was sollen wir wissen? Welches Wissen ist existenziell für unser Leben? Was ist unbedingt wissenswert?

Der Berliner Philosoph Wilhelm Schmid prägt dafür den Begriff des Lebenwissens – im Unterschied zur Wissenschaft, worunter er die methodisch-systematische Arbeit des Wissensgewinns, den institutionellen Rahmen dafür und die Gesamtheit des so gewonnenen Wissens versteht. Lebenwissen ist für ihn ausdrücklich mit der Person des Menschen und den Perspektiven seines Lebens befasst. Es meint ein Wissen vom Leben und fürs Leben. Gestützt auf breite theoretische Kenntnisse, die die Grundlage bilden, stellt dieses Wissen einen Schatz an Erfahrungen dar, der durch Reflexion zum Erfahrungswissen gerinnt. Dieses Erfahrungswissen dient dem einzelnen Menschen dazu, Selbstmächtigkeit zu erlangen. Damit ist die denkerische Autonomie gemeint, die es dem Menschen ermöglicht, aus der selbstverschuldeten Unmündigkeit »auszugehen«, wie Kant es in seinem Aufsatz »Was ist Aufklärung« ausdrückt. Ich persönlich habe darin nie einen Gegensatz zu meinem Glauben gesehen. Gott war für mich immer der Garant dieser Selbstmächtigkeit. Wenn ich nur ihn als den Herrn über mich anerkenne, brauche ich mich vor keinem anderen Herrn zu beugen. Ich weiß, dass viele Gottesgegner dies anders sehen, dass sie Gott auch nicht als den Herrn ihres Lebens akzeptieren können. Mögen sie ihr Lebenwissen auf ihre Art einsetzen, wenn sie nur ethisch und authentisch handeln und sich nicht selbst zu Herren über andere und deren Denken aufschwingen.

Es gibt einen Aspekt des menschlichen Erlebnisdrangs,

der in unserem Zusammenhang unbedingt Erwähnung finden muss, nämlich die Neugier. Sie ist nur in einem geringen Maß eine Form des Wissensdranges oder des Erkenntnisstrebens, das auf Erweiterung des Welthorizonts abzielt. Die moderne Verhaltensforschung beurteilt die Neugier wertneutral und kennzeichnet sie als das bei Menschen und Tieren vorhandene Bedürfnis, den näheren oder weiteren Lebensraum zu erkunden; der Neugier werden also die intellektuellen Grenzüberschreitungen und die Erfindungen und Entdeckungen des Menschen zugeschrieben. In der klassischen und mittelalterlichen christlichen Ethik wird Neugier allerdings als Laster angesehen, vor allem wenn sie im Zerrbild des krankhaft Neugierigen auftritt, dem es letztlich nicht um die Erhellung der Wirklichkeit, sondern um das Erleben kleinerer oder größerer Sensationen geht, vor allem in der Privatsphäre der näheren mitmenschlichen Umwelt. Die Neugier ist in einer vorbewussten Schicht der Psyche beheimatet.

Es gibt eine bemerkenswerte Stelle in der Benediktsregel, in der der Abt ermahnt wird, er solle »nicht stürmisch und nicht ängstlich sein, nicht maßlos und nicht engstirnig, nicht eifersüchtig und allzu argwöhnisch, sonst kommt er nie zur Ruhe«. Damit ist sicher auch eine zwanghafte Neugier gemeint, sie lasst Menschen tatsächlich nie zu einer Haltung von Gelassenheit und Ruhe kommen, die sie befähigt, ihrer Verantwortung gerecht zu werden.

- ◈ ENTRÜMPLE DEINEN GEIST!
- ◈ DRINGE VOR ZUM WESENTLICHEN!
- ◈ WISSE, WAS DU WISSEN SOLLST!

- Wähle gezielt deine Informationsquellen aus!
- Reduziere sie auf das unbedingt Notwendige, du gewinnst Zeit und Freiheit!
- Lass dich durch die Informationen nicht versklaven, bleibe der Herr deines Lebens, und wenn du gläubig bist, lass nur Gott über dich herrschen!

Kapitel 10

Traue deinem Glauben

Ein Spruch Martin Luthers, des großen Reformators, der auch für eingefleischte Katholiken zur Pflichtlektüre zählen sollte, lautet: »Heute habe ich viel zu tun, deshalb muss ich heute viel beten.« Der Satz erinnert an das spirituelle Motto des Benediktinertums: Ora et labora – bete und arbeite. Die Benediktsregel hat das christliche Mittelalter wesentlich beeinflusst, während das hohe Arbeitsethos des reformierten Christentums beispielgebend war für die Tüchtigkeit des neuzeitlichen Menschen auf der Nordhalbkugel unserer Erde. Benedikt hält seine Mönche neben den täglichen Gebetszeiten auch zur sinnvollen, den eigenen Lebensunterhalt sichernden Arbeit an – Luther die strebsamen Deutschen zum Aufspüren und Suchen der eigenen Wurzeln im Gebet. In beiden Fällen heißt Gebet: täglich mehrmaliges Sprechen und Bedenken des Gotteswortes, wie es uns in der Bibel überliefert ist.

Ähnliche Praxis kennen wir ja auch von den anderen großen Religionen: die immer wieder gesprochenen unübersetzbaren heiligen Silben »om mani padme hum« der buddhistischen Tradition und den fünfmaligen Gebetsritus des Islam mit seiner Ausrichtung nach Mekka. Jedes Mal werden dabei Texte der eigenen Überlieferung wiederholt. Es ist eine ständige Erinnerung und Versicherung der Grundlagen des jeweiligen Glaubenssystems. Wenn man es mit einem negativen Bild aus der Erfahrung totalitärer Herrschaftssysteme benennen will: Es handelt sich um eine freiwillig auf sich genommene Gehirnwäsche, ein in Fleisch und Blut übergegangenes Grundgerüst der wichtigsten Aussagen und Weisungen des Glaubens. Bei den Benediktinern wird heute noch täglich während einer Mahlzeit ein Stück aus der Regel ihres Ordensgründers Benedikt von Nursia aus dem sechsten Jahrhundert vorgelesen. Damit wird sozusagen das Leitbild der eigenen Organisation fest in Herz und Hirn verankert. Es wirkt wie ein Filter, der vielem überflüssigem geistigem Müll gar nicht erst gestattet, wichtigen Raum des Geistes in Beschlag zu nehmen.

Es gibt schon in der Antike mehrere Erklärungsversuche für das Wort Religion. Einer der gängigsten ist, dass der Begriff so viel wie »Rückbindung« oder nur »Bindung« bedeutet. Damit ist gemeint, dass der Mensch gebunden ist an die Transzendenz, an ein Jenseits oder – in einer traditionell westlich verstandenen Weise – an einen Gott oder mehrere Gottheiten. Der Buddhismus kennt im strengen Sinn keinen persönlichen Gott, trotzdem wird er als Religion betrachtet, sogar als eine der ganz großen Weltreligionen, die auch bei uns im Westen immer mehr an Attraktivität gewinnt. Vielleicht gerade wegen dieser Offenheit und theistischen Unbestimmtheit.

Viele Menschen der Moderne haben mit einem Gottesbild, das wir seit der Kindheit mit uns tragen, ihre Schwierigkeiten. Es ist das große Paradoxon des »lieben Gottes«, der uns meist von der älteren Generation der eigenen Familie vermittelt wird. Wie soll man auch einem Kinderverstand beibringen, dass jedes Reden und Denken von Gott, jedes Bild, das wir uns von ihm machen, immer schon mehr falsch als richtig ist, da wir Gott niemals mit unserem Menschengehirn erfassen und begreifen können. Wäre dies möglich, so wäre es nicht Gott, um den es dann ginge. Das Bild, das wir in uns tragen, vermittelt auf der einen Seite den Eindruck eines liebenswürdigen Opas, der im Nachthemd auf der Wolke sitzt und irgendwie zahnlos wirkt. Viele Darstellungen Gottes gerade in barocken Kirchen bestärkten dieses Bild. Es ist eine Verniedlichung Gottes, die anderen Erfahrungen, oft den genau entgegengesetzten, nicht gerecht wird.

Auf der anderen Seite sind die Menschen – vor allem aus dem protestantischen Glaubensumfeld – eher von der Angst vor einem Gott als Richter und Rächer geprägt, der über die Menschen zu Gericht sitzt, ja, der sie wie ein Agent ständig bespitzelt und nur danach sucht, ihnen eine Übertretung seiner Gebote und Verbote nachzuweisen, ein Gott, der kleinlich aufrechnet und zur Rechenschaft zieht. Dieser Ausdruck manifestiert sich oft in der Aussage: Ihr Katholiken habt es gut, ihr könnt eure Sünden beichten, wir müssen unsere Schuld mit uns rumtragen. Davon abgesehen, dass es die Beichte, wenn auch in anderer Form, auch in der evangelischen Kirche gibt, scheint mir an diesen Gläubigen die Urerfahrung Luthers, die er in der Rechtfertigungslehre[9] formuliert hat, völlig vorbeigegangen zu sein. »Wie kriege ich einen gnädigen Gott?«, war die Frage, die den Augustinermönch Doctor Martinus umgetrieben hat. Und er fand die Antwort im Wort des Apostels Paulus: Christus habe uns gerecht gemacht, und durch den Glauben können wir dieser Rechtfertigung teilhaftig werden.

Heute ist diese Lehre – mit einigen kleinen Abweichungen, die aber nur die Theologen und die Kirchenoberen noch interessieren – auch in der katholischen Kirche wiederentdeckt worden. Der Katholizismus betont die Rolle der Kirche, der Gemeinschaft bei dieser Begegnung mit dem gnädigen Gott, während das evangelische Christentum auf die Möglichkeit des individuellen Zugangs zu Gott verweist ohne Vermittlung durch eine Organisation oder Institution. Diese Gewissheit der Rechtfertigung allein durch den Glauben, allein durch Christus, allein durch das Wort der Bibel, allein aufgrund der Zuwendung Gottes zum Menschen wird bei Luther mit einem sehr eigenartig, sicher auch missverständlich klingenden Wort auf den Punkt gebracht: pecca fortiter, sed crede fortius – sündige ruhig tapfer, aber glaube kräftiger. Diese Aussage ist natürlich erklärungsbedürftig: Sie stellt keinen Freibrief dar, um Böses zu tun. Im Gegenteil, es betont die Möglichkeit, nach einem noch so heftigen Ausrutscher wieder von vorn anfangen zu können im strebenden Bemühen um das Gute. Eigentlich doch eine ungeheuer befreiende Wirkung, die dadurch vermittelt werden könnte: Vor Gott brauche ich keine Angst zu haben, wenn ich ihm nur im Letzten vertraue!

Wie sehr haben wir diese wahrhaft »erlösende« Sicht durch menschliche, leider allzu menschliche aufrechnende und abrechnende Gottesbilder verstellt! Ein Gerümpel unseres Glaubenssystems, das bei vielen Menschen über Generationen hinweg eine »Gottesvergiftung« verursacht hat. So betitelt ein Psychiater unserer Tage sein Buch, in dem er über die Neurosen berichtet, die durch den Einfluss von Religion und Kirche, durch kirchliche Verkündigung in den Seelen der Menschen, angerichtet wurden. Die Überschrift dieses Kapitels »Traue deinem Glauben« weist einen

Weg in diese Richtung. Wenn wir von Glauben reden oder hören – Ähnliches gilt für das Wort Religion, das ja einen ganz anderen Ursprung hat als der Glaube als eine bewusste Entscheidung –, dann wird in unserem Denken vor allem ein System von Aussagen, von Weisungen, von Regeln und Ritualen evoziert. Im negativen Sinn wird über den Dogmatismus, über Rigorismus, über die Beschneidung der menschlichen Freiheit, das Machtstreben der Kirchen und Religionsführer, über ein Zwangssystem von Gebräuchen und kulturellen Einrichtungen gelästert und hergezogen und die Existenzberechtigung von Religion und Glaubenssystemen grundsätzlich in Frage gestellt. Im positiven Sinn kann man natürlich auch von ewig gültigen Wahrheiten reden hören, der Übereinstimmung von Vernunft und Glauben, der Sinnhaftigkeit göttlicher Weisungen für ein gutes Leben und der Schönheit der seit Jahrhunderten gewachsenen religiösen Formen und Riten. Dann ergibt das Bild des Glaubens eine geordnete Ansammlung vieler verschiedener Sätze, die für wahr, gut und schön gehalten werden (müssen).

Das Wort »glauben« hat aber primär eine viel ursprünglichere Bedeutung: Diese verwenden wir, wenn wir zu jemandem sagen: »Ich glaube dir«, in dem Sinn von: »Ich vertraue dir.« Zu diesem Wortfeld »vertrauen« gehört im Deutschen, und in anderen Sprachen ist das ähnlich, der ganze Bereich von trauen, Treue bis hin zur Trauung. Wenn ich jemandem vertraue, kann ich mich sicher auf ihn verlassen, ich kann auf ihn bauen, ich brauche keine Täuschung zu befürchten und werde damit auch nicht enttäuscht werden. Ein Ehepaar traut sich einander an, man betraut jemanden mit einer vertrauensvollen Aufgabe. Eine saloppe

Wendung ist auch: Ich traue mich, etwas zu tun, etwa ins Wasser zu springen, nicht nur weil ich mutig bin, sondern weil ich auch darauf vertrauen kann, dass ich mir nicht weh tue.

In diesem Sinn bedeutet »Gott glauben« nicht so sehr an Gott glauben (also: dass es ihn gibt, dass er allmächtig ist, vielleicht sogar dreifaltig und so weiter), sondern ihm vertrauen, so wie ich einem guten Vater vertrauen kann, einem treuen Freund, jemandem, der es grundsätzlich gut mit mir meint.

Vielleicht ist es für uns deshalb so schwierig geworden, an Gott zu glauben, weil allgemein die Vertrauenskultur abgenommen hat in unserer Gesellschaft. So paradox es klingt, gerade die Demokratie ist ja Ausdruck einer Misstrauenskultur: Sie lebt von den »checks and balances«, von Kontrolle der Staatsmacht und dem Gleichgewicht der verschiedenen sich gegenseitig in Schach haltenden Organe der Gewaltenteilung. Letztere wurzelt in dem grundsätzlichen Misstrauen, dass Macht und Herrschaft zum Schaden des Gemeinwohls und der Wohlfahrt der Einzelnen missbraucht werden könnten. Jemandem einen Vertrauensvorschuss zu gewähren, nicht nur im politischen, sondern auch im privaten Beeich, ist zu einem riskanten Unterfangen geworden. Nichts anderes drückt der Spruch aus: Vertrauen ist gut, Kontrolle ist besser. Und wir wissen gar nicht, in welchem Umfang wir damit unsere Lebensqualität einschränken!

Stabile Beziehungen zwischen Menschen sind nur tragfähig mit einem gehörigen Vorschuss an Vertrauen, mit der Bereitschaft zum Risiko, auf einen anderen zu bauen. Dieses Risiko gehe ich natürlich nur ein, wenn ich es aufgrund meiner Erfahrung insgesamt und mit einem konkreten Menschen weitgehend ausschließen kann. Hundertprozentige Sicherheit werde ich allerdings nie erlangen können, da die Zukunft nicht vom Wissen, sondern von der Hoffnung geprägt ist. Diese Kluft zwischen Sicherheit und riskantem Ausgenutztwerden wird durch das Vertrauen überbrückt. Allein durch die Definition des Gottesbegriffs wird Vertrauensbruch auf Seiten Gottes ausgeschlossen. Auf Seiten des Menschen ist er nie ganz auszuschließen.

Die Beziehungen zwischen Menschen, die auf Vertrauen gründen, sind mannigfaltig, die intimste ist die eheliche Beziehung, die auf Treue basiert und durch die Trauung besiegelt wird. Sie wurde allerdings schon im Altertum vor allem als gesellschaftlich sanktionierte Form einer vertraglichen Versorgung des unterprivilegierten Teils dieser Institution, das heißt für die damalige Zeit der Frauen und Kinder, angesehen. Verwandtschaftliche oder geschäftliche Beziehungen werden vor allem durch die Bande familiärer Zusammengehörigkeit und ökonomischer Vertragstreue gestaltet. Die von alters her am meisten von freiwillig geschenktem Vertrauen und gegenseitiger Treue geprägte Beziehung, die ohne primäre Absichten auf Gegenleistung ist und um ihrer selbst willen gepflegt wird, ist die Freundschaft. Epikur, der Philosoph des Gartens, sagt von ihr: »Von allem, was die Weisheit für die Glückseligkeit des ganzen Lebens bereitstellt, ist der Gewinn der Freundschaft das bei weitem Wichtigste.« Sie ist »um ihrer selbst willen zu pflegen. Sie entstand aber, weil sie nützlich war.«

Freundschaft des Menschen mit Gott ist eine neue, spezifische Form der Gottesbeziehung, die durch das Christentum in die Religionsgeschichte eingeführt wurde.

Gott inkarniert sich, er wird »Menschensohn«, das heißt, er nimmt die Gestalt seiner nunmehrigen Brüder und Schwestern an und nennt sie »nicht mehr Knechte, sondern Freunde«. Noch einmal zurück zu Epikur, dem Philosophen der Freundschaft. Er sagt in der Interpretation von Cicero: »Wir freuen uns ja über das Glück unserer Freunde ebenso wie über unser eigenes und leiden gleichermaßen unter ihren wie unter unseren Ängsten. So wird der Weise zu seinem Freund dieselbe Einstellung haben wie zu sich selbst und wird dieselben Mühen, denen er sich um der eigenen Lust willen unterziehen würde, auch für die Lust des Freundes auf sich nehmen.«

Man sieht: Zwischen den Vorstellungen einer dezidiert atheistischen (nicht im Sinne, es gäbe keine Götter, sondern in dem Sinne: die Götter gehen uns nichts an) Philosophie des gelungenen Lebens und dem biblischen Doppelgebot der Liebe zu Gott (mit aller Kraft ...) und zum Nächsten wie zu sich selbst ist kein so großer Unterschied, wie immer angenommen wird. Gianni Vattimo, ein italienischer Philosoph unserer Tage, der das traditionelle Denken in metaphysischen Kategorien an ein Ende gekommen sieht, stellt fest, dass es gerade diese beiden Grundpfeiler christlicher Theologie sind, die für ihn, den Agnostiker, das Christentum annehmbar machen: die kenosis, das heißt die Erniedrigung (eigentlich: Entäußerung) Gottes im Gedanken der Menschwerdung, die bis zur äußersten Ohnmacht Gottes am Kreuz führt, und der Gedanke der caritas, der absichtslosen Liebe, wie sie gerade im Wort Jesu von Knechten, die zu Freunden werden, zum Ausdruck kommt.

Mir persönlich hat in meinem eigenen »Umbau des Religiösen« eine kleine Schrift von Vattimo, in der er seine

Gedanken zu Theologie und Kirche darlegt, sehr geholfen. Er schildert darin auch seinen eigenen Weg über die katholische Erziehung im Elternhaus und im diskussionsfreudigen Religionsunterricht zur gottfernen Philosophie und die Wiederkehr des Religiösen. Er deutet auch die Säkularisierung unserer modernen Welt als einen Impuls, der dem Christentum von Anfang an innewohnt. Wenn ich ihn recht interpretiere, weist er darauf hin, dass es zum Auftrag der Kirche gehört, sich selbst überflüssig zu machen, indem ihre Verkündigung in die ethischen Grundsätze der weltlichen Gesellschaften eingeht. Der Austritt aus dem Kloster, dem ich heute noch für die dreißig Jahre gelungenen Lebens in diesem Zeitabschnitt ungeheuer dankbar bin, war ja ein Schritt, der durch die äußeren Umstände des unglücklichen Agierens einer jungen und unerfahrenen Klosterleitung herbeigeführt wurde, der aber durch eine philosophische und theologische Neubesinnung in meinem Denken vorbereitet war. Das eine war der Anlass und das andere die Ursache. Was ich eingangs dieses Kapitels mit der Veränderung des Gottesbildes beschrieben habe, war bei mir allmählich herangereift durch die Beschäftigung mit Kirchengeschichte, Dogmatik, Moraltheologie und Exegese, aber auch mit den Erfahrungen des normalen Lebens, der menschlichen Entwicklung bei mir und ebenso durch meine Tätigkeit als Cellerar und Prior, durch die Begegnung mit vielen Menschen im Beichtstuhl, im Gespräch und im Andechser Bräustüberl. In dieser Situation fiel mir das kleine Heftchen mit dem Titel *Glauben – Philosophieren* von Vattimo in die Hände.

Den italienischen Originaltitel *Credere di Credere* kann wohl am besten er selbst erklären: »Der Titel, den ich für diesen Text gewählt habe, geht mir im Kopf herum, seit ich vor vielen Jahren an einem schwülen Nachmittag in Mailand einen Professorenkollegen – einen herausragenden Vertreter der katholischen Philosophie, dessen theoretische Thesen ich nicht teilte, an den mich jedoch Zuneigung und Bewunderung banden – vom Münztelefon eines Eissalons, der sich an der Haltestelle des Fernbusses befindet, anrufen musste. Der Anruf betraf die Besetzung von philosophischen Lehrstühlen, bei der wir beide in der Berufungskommission waren, daher musste ich über die ›Niederungen‹ des akademischen Lebens sprechen. Aber der Kollege, mit dem ich längere Zeit kein Gespräch geführt hatte, wollte zu wesentlichen Themen übergehen, und als wir schon bei den Schlussfloskeln waren, fragte er mich aus heiterem Himmel, ob ich im Grunde noch an Gott glaubte. Ich weiß nicht, ob meine Antwort durch die paradoxe Situation, in der mir die Frage gestellt wurde, bedingt war: erhitzte Damen, die nahe beim Telefon an kleinen Tischen ihr Eis aßen und Orangeade tranken. Ich antwortete, ich glaubte, dass ich glaube (credo di credere). Seitdem scheint mir dies die beste Formulierung meiner Beziehung zur Religion.«

Wie passt diese Unsicherheit des Glaubens, seine Reduzierung auf die Ohnmacht Gottes und das Liebesgebot zu der Forderung, seinem Glauben zu trauen, und zu der Behauptung, dies diene auch noch der Entrümpelung des Geistes?

Ich bin der Überzeugung, dass Religiosität Begleiter des Menschen ist, seitdem er in der Lage ist, über sich selbst nachzudenken und an die Grenzen seiner eigenen Existenz zu stoßen. Dies unterscheidet uns ja gerade vom Tier. Seit Menschengedenken wird dieser unendliche Raum hinter oder auch über unseren sinnlich machbaren Erfahrungen, das, was wir die Transzendenz nennen, das »Jenseits«, von den Menschen ausgemalt – mit Bildern und Metaphern, die aus unserer diesseitigen Erfahrung genommen werden. Andere stehen uns nicht zur Verfügung. Diese uns mitgegebene, fast notwendige Beschäftigung mit dem Jenseits, das ist es vielleicht, was man seit neuestem mit dem »Gottesgen« bezeichnet. Nur: Nicht Gott liegt uns in den Genen, sondern die gedankliche Beschäftigung mit ihm. Das mühsame Abarbeiten der beiden Alternativen – gibt es Gott, oder gibt es ihn nicht –, das ist der Fluch des denkenden oder philosophierenden und theologisierenden Menschen. Ursprünglich waren es die bunten Mythen sehr menschenähnlicher Göttinnen und Götter, dann die Abstraktionen denkerischer Gottesdefinitionen, schließlich die Mischform unserer theistischen Weltreligionen. Nicht einmal christliche Theologen verneinen heute noch die Möglichkeit, dass die Aussage, Jesus Christus sei von einer Jungfrau geboren, ein übernommener theologischer Topos antiker Mythen sei, um die Einmaligkeit des auf diese Weise in die Welt gekommenen Menschen auszudrücken.

Es gibt zwei große Paradoxien in der modernen Welt: Da ist einmal die Paradoxie, dass wir nicht hinter die Erkenntnisse der Aufklärung zurückgehen können. Ich bin ein Mensch des zwanzigsten Jahrhunderts und habe unbewusst (auch für meine Eltern unbewusst) schon in der Kinderstube das mündige Denken mitbekommen. Im mathematisch-naturwissenschaftlichen Gymnasium, gerade im Deutschunterricht, in dem wir Kants berühmten Aufsatz »Was ist Aufklärung?« gelesen haben, wurde es bestärkt und durch eine zeitgemäße, dem Wissenschaftsbegriff der humboldtschen Universität verpflichtete Theologie an der Münchener Universität und im römischen Kolleg S. Anselmo schließlich ausgefeilt. Diese Mündigkeit des Denkens ermöglicht die individuelle Freiheit der Entscheidung. Meine Erfahrung sagt mir: Religion gehört zum Menschen, und mein Denken sagt mir: Die Gottesbilder (also auch Gottesbegriffe), die wir in uns tragen, sind alle menschengemacht. Das ist eine echte Aporie und gleichzeitig die zweite Paradoxie: Wir wissen: Wir brauchen einen Gott. Und gleichzeitig wissen wir: Wir müssen das, was oder wer Gott ist, durch unser eigenes Denken oder besser noch Erfahren herausfinden; er entsteht also in uns, im Geist und im Herzen.

Dies ist eine Auffassung, die sich in allen Kulturen besonders in einem Strang religiöser Tradition festmachen lässt, nämlich der sogenannten Mystik. In ihr wird Gott nicht erkannt und beschrieben, sondern vor allem persönlich erfahren. Diese Erfahrungen entziehen sich weitgehend den Möglichkeiten menschlicher Beschreibung. Wo es dennoch versucht wird, kommt es oft zu heterodoxen[10] Aussagen, die den frommen Durchschnittsgläubigen und auch den wissenschaftlichen Theologen genauso wie das kirchliche Lehramt befremden. So etwa der als Angelus Silesius bekannt gewordene *Cherubinische Wandersmann* Johannes Scheffler im siebzehnten Jahrhundert. In gereimten Aphorismen sagt er so ungewohnte Worte wie: »Ich weiß, dass ohne mich Gott nicht ein Nun kann leben, werd ich zunichte, er muss von Not den Geist aufgeben.« Bedeutet dies dann, jeder formt sich nun nach seinen eigenen Erfahrungen und seinem eigenen Gutdünken einen eigenen Gottesbegriff, oder übernehmen wir einen aus einer bestehenden Tradition? Übernehmen wir mit einem traditionellen Gottesbild auch all die Macken einer menschlichen Institution oder Organisation, die dieses Gottesbild tradiert, oder wählen wir aus? Wir sind auch in diesem Fall heute als freie Individuen auf die Qual der Wahl angewiesen. Natürlich werden die Führer der Religionen immer wieder mahnen, sich nicht eine eigene Religion aus verschiedenen Versatzstücken zusammenzustellen, sozusagen sich eine eigene Patchworkreligion zu stricken.

Die Realität bezeugt aber heute schon: Die Menschen kaufen ihre Überzeugungen nicht mehr im Paket ein. Man stellt sich den eigenen Warenkorb der Transzendenz zusammen. Natürlich oft genug nach der eigenen Bequemlichkeit. Und darin liegt das Problem: Ein saft- und kraftlos gewordener Glaube, der nichts abfordert, wird auch auf Dauer nicht hilfreich sein können. Andererseits lehnt der mündig gewordene Mensch die dauernde Bevormundung durch andere Menschen ab, und sei sie noch so traditionell als »Heiligkeit« legitimiert. Es geht nicht anders: Kirchen und Religionen werden sich mit dem Verlust ihrer Monopolstellung abfinden müssen; gleichzeitig erfährt der Mensch, dass ihm Religion offenbar durch seine Natur und Kultur wesensgemäß zugehört. Es bleibt ihm nichts anderes übrig, als sich selbstgewählten religiösen Systemen zuzuwenden und sich auswählend wohl eher an ihren Rändern zu bewegen.

Hilfreich bei dieser Auswahl sind wohl tatsächlich die beiden Kriterien des zeitgenössischen Denkers Gianni Vattimo, die er aus der Tradition des Christentums ableitet: das Gebot der Liebe (caritas) und das Beispiel der Entäußerung (kenosis). Beide Haltungen laufen zusammen in der geschichtlich festzustellenden zunehmenden Ablehnung der Gewalt im Umgang der Menschen miteinander und mit der Schöpfung. Zumindest wird sie im Sprachgebrauch und im Ideal als Option zunehmend verurteilt. Das beginnt mit der Forderung »Aug um Aug und Zahn um Zahn« in der Bibel bis hin zur intendierten Ächtung des Krieges durch die Gründung der Vereinten Nationen. Damit wird die Goldene Regel[11], die sich bei allen Kulturen und Religionen der Menschheit in abgewandelter Form finden lässt, zum Maßstab menschlichen Miteinanders. In der Fassung der Bergpredigt Jesu lautet sie: Behandelt die Menschen so, wie ihr selbst von ihnen behandelt werden wollt.

Entrümpelung bedeutet also hier: Mach die Liebe zwischen Gott und den Menschen, zwischen den Menschen und die Achtung deiner Selbst zum Maßstab; leg alles ab, was dieser Idee der Liebe zuwider ist: das Bild eines grausamen, nachtragenden, rächenden Gottes; überall, wo der Geist der Liebe nicht herrscht, ist auch Gott nicht anwesend. Misstraue allen Verbrämungen der Liebe durch noch so kluge und brillante Argumente, auf diese Art und Weise wollen Hass und Gewalt im Schafspelz Einzug halten: Im Namen der göttlichen Liebe wurden Menschen gequält, gefoltert, getötet. Gewalt ist das eindeutige Zeichen für die Abwesenheit von Liebe! Der Gott, den Jesus Christus verkündet und verkörpert, ist kein allmächtiger, sondern ein ohnmächtiger Gott. Er verzichtet auf Gewalt und Herrschaft. Er stirbt unschuldig den Verbrechertod am Kreuz. Er wirbt nur durch sein Liebesangebot um die freie Entscheidung des mündigen Menschen. Jede menschliche Organisation, auch jede religiöse Institution muss sich durch diese Feuerprobe des Verzichts auf Gewalt, Herrschaft und selbstherrliche Machtausübung bewähren. Sie muss der Freiheit des Individuums Vorrang vor Ideologie, Dogma und moralischem Rigorismus einräumen. Die Freiheit endet bei der Freiheit des anderen. Ein Gott, der nicht Garant dieser Freiheit ist, ist kein Gott für die Menschen unserer Zeit.

- ENTRÜMPLE DEINEN GEIST!
- DRINGE VOR ZUM WESENTLICHEN!
- TRAUE DEINEM GLAUBEN!
- STÄRKE DAS VERTRAUEN IN DICH, IN GOTT, ZU DEN MENSCHEN!
- MACH DIE LIEBE ZUM MASSSTAB DEINES LEBENS!
- BEHANDLE DIE MENSCHEN SO, WIE DU VON IHNEN BEHANDELT WERDEN MÖCHTEST!

Kapitel 11

Versuche, einfach zu sein

Liest man die Überschrift zu diesem Kapitel der geistigen Entrümpelung, so entdeckt man eine doppelte Bedeutung, je nachdem, ob man das Wort »einfach« betont oder das Wort »sein«. Im ersten Fall geht es darum, wie ich mein Dasein gestalte, ob einfach oder kompliziert; im zweiten Fall stellt sich die Frage, ob es bei der Einfachheit darum geht, das bloße Dasein des Menschen ohne irgendwelche zusätzlichen Attribute wie Ansehen, Besitz, Macht als genügend anzusehen, so etwa wie es die kynische Philosophie in der Antike mit ihrem Konzept der Bedürfnislosigkeit vertreten hat. Als ihr berühmtester Vertreter gilt Diogenes, bekannt auch als »Diogenes in der Tonne«. Überliefert ist die Episode, dass Alexander der Große vor Diogenes' Tonne trat und ihm gönnerhaft anbot, einen jeden seiner Wünsche zu erfüllen, doch Diogenes verlangte lediglich: »Geh mir aus der Sonne!«

Wir wollen uns dem Thema zunächst mit der Kategorie des Einfachen nähern. In einer kleinen Begebenheit des klösterlichen Alltags in Andechs wurde mir deutlich bewusst, worum es gehen könnte. Zu den ideologisch besetzten Wörtern des katholischen Ordenslebens gehört ja der Begriff der Einfachheit. Er ist oft eine praktische Umschreibung der großen Forderung nach persönlicher Armut. Wie lässt Armut sich in unserer heutigen Zeit leben, in der den

Menschen, die einmal feierlich das Gelübde der Armut abgelegt haben, alles zur Verfügung steht und die dann in barocken Gebäuden leben mit einer Unzahl von selbstverständlich hingenommenen Bequemlichkeiten? Nun, man muss es im Konkreten versuchen, eben in der Einfachheit, die sich in vielfältigen Dingen ausdrücken kann: etwa im Geschirr, in der Ausstattung des Wohnraums, im Gebrauch der technischen Hilfsmittel. Wie in allen menschlichen Beziehungen ist es natürlich immer leicht, von anderen Einfachheit einzufordern, und gar nicht zu bemerken, dass die Dinge und Verhältnisse des eigenen Lebens nicht immer der geforderten Einfachheit entsprechen.

Die deutschsprachigen Benediktiner hatten im Zuge der Liturgiereform des letzten Konzils in den achtziger Jahren nach zwei Jahrzehnten des Experimentierens ein neues Gebetbuch für das gemeinsame Stundengebet herausgebracht, das alle bisherigen positiven Erfahrungen der verschiedenen Klöster und ihre inzwischen liebgewonnenen eigenen Gebräuche zusammenfassen sollte. Damit aber alle mit ihren verschiedenen Gewohnheiten das Buch benutzen konnten, gab es eine Fülle von Material, aus dem man dann auszuwählen hatte. Für das gemeinsame Gebet musste man sich aber vorher verständigen, welche Auswahlmöglichkeiten genommen werden und welche nicht. Bei der Fülle gab das eine ziemliche Menge an Festlegungen. Wer schon einmal ein Stundenbuch gesehen hat, wird bemerkt haben, dass es meist fünf verschiedene Einlegebänder hat, mit denen man verschiedene Seiten kennzeichnen kann, zu denen man dann zwischendurch umblättern muss. Das kann bei einer Gebetszeit schon drei- oder viermal der Fall sein.

Einmal hatten wir einen Mönch eines anderen Klosters

zu Gast, das ein eigenes Buch für seine Gebete entworfen hatte. Er saß in der Kapelle neben mir, und ich half ihm immer wieder beim Umblättern und Suchen der betreffenden Stellen. Nach einem besonders arbeitsaufwendigen Gebetsteil stöhnte er eines Tages: »Wie kann man nur so kompliziert beten!« Der Fairness halber muss ich allerdings anfügen, dass ich damals der zuständige Mönch für die Gestaltung der Gottesdienste und daher nicht ganz unschuldig an der bemängelten Kompliziertheit war. In meinen jungen Jahren wollte ich eben auch möglichst viele verschiedene Dinge – und sei es beim Beten – ausprobieren. Dies zeigt schon, dass man auf dem Weg zur Einfachheit auch eine Entwicklung durchmacht. Ein Baby ist ganz einfach in seinen Bedürfnissen und in den Möglichkeiten, sie zu befriedigen. Mit dem Erwachsenwerden wird der Aktionsradius immer größer, und die vielfältigen Dinge des Lebens werden auch in Anspruch genommen. Erst wenn man merkt, dass die Wahl zur Qual werden kann, beginnt das neuerliche Bemühen um Einfachheit: Man setzt Prioritäten, wählt aus und beschränkt sich auf wenige Möglichkeiten, die dann umso intensiver genutzt werden können.

Und noch eine andere Erfahrung wird mit dem Beispiel aus dem Kloster deutlich: Die Regeln, die sich menschliche Gemeinschaften geben, haben die Tendenz, mit der Zeit immer genauer, immer verfeinerter, aber auch immer komplizierter zu werden. Zum Beispiel: die staatliche Gesetzgebung. Nehmen wir einmal den Bereich, der alle Bürger eines Staates im gleichen Maß betrifft, die Steuergesetze. Alle Welt jammert über die unendlich komplizierte Gesetzeslage, es gibt alle möglichen Ausnahmen und Vergünstigungen für bestimmte Bevölkerungsgruppen mit den verschiedenen Einkommensstufen. Es gibt immer wieder Ansätze von Reformen in der Steuergesetzgebung, jede Regierung hat sich damit schon abgemüht. Fragt man die Steuerberater, übrigens ein ganzer Berufszweig, der von dieser Kompliziertheit lebt, so sagen sie einem, dass noch jede dieser Reformen nicht zu einer Steuervereinfachung, sondern eher zu einer Verkomplizierung geführt hat. Wir erleben es ja gerade aktuell, wie schwierig es für Politiker ist, echte Reformen auf den Weg zu bringen, weil Vereinfachung eben oft auch zu einer Beschneidung von Vorrechten und zu einer Nivellierung von Ansprüchen führt. Vereinfachung tut immer weh! Da ist immer wieder der Ruf nach Deregulierung und Entbürokratisierung zu hören. Es gelingt aber nur schwer, sie umzusetzen: Es entsteht nur wieder ein neues Gesetz zur Vereinfachung von Gesetzen! Warum können nicht auch Politiker aufhören, das Leben immer komplizierter zu machen? Warum können sie nicht umgekehrt stolz darauf sein, einmal kein Gesetz auf den Weg gebracht zu haben?

Heruntergebrochen auf unsere Fragestellung könnten wir die Entrümpelung des Geistes auch als ein Reformprogramm für den Alltag bezeichnen.

Aber wie immer: Vereinfachung kann auch übertrieben werden. Das Wort »einfach« hat nicht nur positive Facetten. So sagt man von einem Menschen ohne große Tiefe, er sei einfach gestrickt: einfach im Sinne von simpel, einfältig, beschränkt. »O sancta simplicitas, o heilige Einfalt!«, soll Jan Hus, der böhmische Reformator, 1415 auf dem Scheiterhaufen in Konstanz ausgerufen haben, als er sah, wie eine alte Frau in blindem Glaubenseifer Holz und Reisig für das Feuer heranschleppte. Die Einfachheit braucht sozusagen noch ein näher beschreibendes Attribut, ein Adjektiv, das sie in die Kategorie des Schönen, Wahren und Guten erhebt, die drei klassischen Bereiche menschlicher Kultur. Diese kommen gerade durch eine gewisse Einfachheit zum Strahlen und Leuchten. Der große Archäologe und Kunstkenner des achtzehnten Jahrhunderts Johann Joachim Winckelmann prägte dafür sein berühmtes Urteil über die Kunst der griechischen Antike: »Edle Einfalt und stille Größe.« Papst Paul VI. (1963–1976), der eigentliche Reformator der katholischen Kirche im Zuge des Zweiten Vatikanischen Konzils – er wird zwischen den großen leuchtenden Papstgestalten des ausgehenden zwanzigsten Jahrhunderts, seinem Vorgänger Johannes XXIII. und seinem Nachfolger Johannes Paul II., inzwischen meist vergessen – verwendete bei einer Ansprache vor Theologen und Experten der Liturgiereform einen ähnlichen Ausdruck: nobilis simplicitas – vornehme Einfachheit. Sie wollte er bei den Maßnahmen zur Neugestaltung der Riten, Zeremonien, aber auch der dafür erforderlichen Geräte, Gebäude und Ausstattungsgegenstände angewendet wissen. Diese Forderung kann ich mir gut auch für den nichtkirchlichen, säkularen Bereich unserer Lebensgestaltung zu eigen machen. Was könnte das bedeuten? Ich stelle mir vor, dass das Vornehme in den Materialien zum Ausdruck kommt, edle Stoffe, Metalle und Steine, aber einfache Formen. Verzicht auf Schnickschnack, Dekoration und Nippes. Verzicht auf die Staubfänger des Raumes, aber auch des Geistes.

Ein sehr einfaches, aber praktisches Beispiel fand ich in dem äußerst ansprechenden Bestseller *Simplify your Life* von Werner Tiki Küstenmacher und Lothar J. Seiwert: Die Autoren raten, keine überflüssigen Gegenstände auf die Fensterbretter zu stellen, weil dadurch das Fensteröffnen erschwert wird. Man muss immer erst alles wegräumen, und deshalb unterbleibt dann eher das Hereinlassen frischer Luft, als dass ich mich der Mühe des Freiräumens unterziehe.

Wo sind die edlen Stoffe für unseren Geist, die einfachen Formen, die von innen nach außen den Menschen bestimmen? Was ist der Nippes unserer Seele, und was sind die Staubfänger unserer Gehirne? Was verstellt die Möglichkeit, in unser Denken frischen Wind hereinzulassen?

Betrachten wir nun die zweite Bedeutung der Titelüberschrift: Versuche, einfach zu *sein!*

Jedes Ding, jedes Lebewesen auf dieser Welt ist schon allein dadurch kompliziert, weil es komplex ist, zusammengesetzt aus vielen einzelnen, verschiedenen Elementen. Der Anfang menschlicher Wissenschaft, wie sie uns zum Beispiel in der griechischen Philosophie der Vorsokratiker begegnet, bestand aus der Suche nach dem einen, Unteilbaren, dem letzten Prinzip, aus dem alles andere zusammengesetzt ist. Es gab ganz verschiedene Vorstellungen, unter anderem auch die des Atoms, was ja »unteilbar« bedeutet. Heute wissen wir, dass die Atome auch wieder aufgebaut sind aus noch kleineren Teilchen oder Bewegungen.

Alles Sichtbare ist von daher nicht einfach. Die Theologie der Philosophen sagt uns, dass das einzig Einfache im Letzten Gott ist. Er ist einfaches Sein. Sein Dasein genügt ihm. Er ruht in sich. Und doch kennen alle Religionen die Beziehung Gottes zur Schöpfung. Er wollte nicht nur in sich bleiben, sondern in Liebe hat er andere Dinge ins Dasein gerufen, hat er die Menschen geschaffen. Ihre Aufgabe ist, sich auf den Weg zur göttlichen Einfachheit zu machen;

auch das ist ein Aspekt dessen, was wir Erlösung nennen, Erlösung, um aus der verwirrenden Vielfalt der Welt zur ruhigen und stillen Einfachheit des Göttlichen zu finden. Das eigene Sein wieder zu erspüren, sich nicht zu verlieren in den ablenkenden, oft auch verstörenden Zweitrangigkeiten menschlicher Bedürfnisbefriedigung.

Vielleicht sind damit auch die »Armen im Geiste« gemeint, denen Jesus in der ersten Seligpreisung der Bergpredigt, die ja sein Verkündigungsprogramm darstellt, das »Königtum der Himmel« verspricht, also ein erfülltes und erfüllendes Leben, das schon im Diesseits beginnt. Es sind die einfach denkenden, die einfach lebenden Menschen, die in der Einfalt des Herzens einen einfachen Lebensstil führen und sich dadurch nicht in der verwirrenden Vielfalt der Möglichkeiten verlieren.

Bescheidenheit könnte noch eine weitere Facette bilden. Das Wortfeld kommt von scheiden, trennen, aber auch von unterscheiden, die echten Maßstäbe suchen. Das aus dem Lateinischen stammende Fremdwort Diskretion hängt damit zusammen, aber auch der dem Griechischen entnommene Begriff der Krise, die ja nicht nur als Katastrophe, sondern aufgrund einer unterscheidenden Erfahrung auch als Durchgang zum Wesentlichen verstanden werden muss. Benedikt nennt als die wichtigste Führungseigenschaft, die »Mutter aller Tugenden« für seine Führungskräfte im Kloster, die discretio, die Gabe der Unterscheidung. Der Abt muss seine Mönche voneinander unterscheiden, er darf sie nicht über einen Kamm scheren, sondern muss versuchen, einem jeden gerecht zu werden, seine Potenziale, seine Stärken und Schwächen kennen und mit ihnen »diskret« umgehen. Diese Gabe der Unterscheidung ist auch gefordert, um das Wesentliche vom Unwesentlichen zu trennen, das Einfache vom Komplizierten, sozusagen um Prioritäten zu setzen im eigenen Leben.

Alle haben wir eine Sehnsucht danach in uns, und doch ist es sehr schwierig, dieses Programm im Alltag durchzuhalten. In der Radikalität gelingt es nur wenigen. Alle können wir aber ansetzen, dass Einfachheit zu einem Denkmuster wird, das unsere Lebensgestaltung, die Einrichtung unserer Umwelt und damit die Gestaltung unseres gesamten Umfeldes von vorneherein beeinflusst und uns hilft, ein schöneres und besseres, ein wahreres Leben zu führen.

- Entrümple deinen Geist!
- Dringe vor zum Wesentlichen!
- Versuche, einfach zu sein!
- Schreite immer vom Komplizierten zum Einfachen!
- Entferne den Nippes deines Geistes!
- Bescheide dich!

Kapitel 12

Finde den Weg hinaus

Mit von der Partie bei einem der ersten Kurse »Benedikt für Manager« war ein Mann, nennen wir ihn Helmut Maier, der während der ganzen drei Tage einen ernsten, aber durchaus nicht bedrückten Eindruck machte. Er war Geschäftsführer einer großen Einkaufsorganisation der Lebensmittelbranche und dürfte damals so Mitte fünfzig gewesen sein. Seine Fragen und Diskussionsbeiträge ließen darauf schließen, dass die Inhalte des Kurses, ganz besonders das Motto »ora et labora«, mit dem die Spiritualität der Benediktsregel seit dem Hochmittelalter auf einen Punkt gebracht wird, ihn in seinem Innersten getroffen und angerührt haben. »Ora et labora« heißt ja nicht nur bete und arbeite, sondern bezeichnet eine ganze Lebenseinstellung, die auf eine gesunde Balance zwischen materiellen und immateriellen Werten hinausläuft – nicht nur bei der Zielorientierung auf den wirtschaftlichen Erfolg eines Unternehmens, sondern auch bei der Gestaltung des individuellen, persönlichen Lebensweges.

Die moderne Suche nach der »Work-Life-Balance« meint etwas Ähnliches. Am Ende unseres Kurses, beim Verabschieden, sagte Helmut Maier leise zu mir: »Ich werde mich sicher in der nächsten Zeit einmal bei Ihnen melden.«

Nach einem halben Jahr kam ein Brief aus Spanien mit

seinem Namen als Absender. Ich hatte schon gar nicht mehr alle Teilnehmer vor meinem inneren Auge und war überrascht, weil nur wenige von ihnen sich später die Zeit nehmen und sich noch einmal melden. Beim Öffnen fielen neben dem eng beschriebenen Briefpapier auch ein paar Fotos aus dem Umschlag; auf einem war Helmut mit seiner Frau und zwei prächtigen Exemplaren von Eseln, richtig schön gewachsenen und gepflegten Grautieren, abgebildet. Er schrieb mir, dass er nach unserem Seminar lange über sein Leben nachgedacht habe. Über den Rest seines Lebens, seine verbleibende Arbeitszeit und seine Träume, die er mit sich trug. Daraufhin habe er gekündigt und sei mit seiner Frau nach Spanien gezogen, wo er sich von der Abfindung eine kleine Finca am Mittelmeer gekauft habe. Dort wollten sie ihre Liebe zur Schöpfung praktizieren und alte Tiere, die nicht mehr zur Arbeit eingesetzt und meist schlecht behandelt wurden, in ihrem großen Garten aufnehmen.

Vor ein paar Jahren habe ich Helmut und Rita besucht und konnte feststellen, dass sie tatsächlich einen neuen Inhalt ihres Lebens gefunden haben. Natürlich: Ein deutscher Ruheständler kann in Spanien sicher billiger leben als bei uns, aber es muss nicht immer gelingen. Die beiden haben sich mit der einheimischen Bevölkerung angefreundet und wurden schon nach kurzer Zeit als gerngesehene Gäste aus »Alemania« angesehen. Diese Form des Aussteigens ist sicher nicht jedermanns Sache, es mag sein, dass es auch nicht immer so problemlos funktioniert, im Ausland Fuß zu fassen. Aber ich empfand das als einen mutigen Schritt, die gewohnten Bahnen bundesrepublikanischer Lebensarbeitszeitgestaltung zu verlassen und das zu tun, wovon man immer schon geträumt hat. Es gibt dazu einen schönen Spruch: Träume nicht dein Leben, sondern lebe deine Träume. Helmut hat versucht, seinen Traum Wirklichkeit werden zu lassen. Bis heute funktioniert es.

Es kann wahrscheinlich, nein sicher nicht bei allen gelingen, alle Brücken zum bisherigen Arbeitsleben so entschlossen abzubrechen, aber ein zeitweiliges Aussteigen, immer wieder mal zur Ruhe und zur Besinnung, zum Nachdenken über die wesentlichen Ziele des Lebens zu kommen, ist nicht nur ein Luxus, sondern eine Lebensnotwendigkeit, will man nicht mental vermüllen! Aus der Hoch-Zeit der wirtschaftlichen Entwicklung der siebziger Jahre, als es auch politisch darum ging, den Überfluss zu verwalten, und die notwendigen Reformen der Jetztzeit noch in weiter Zukunft lagen, sind mir zwei Werbeslogans, die in aller Munde waren, haften geblieben: »Mach mal Pause – trink Coca-Cola« und »Wer wird denn gleich in die Luft gehen, greife lieber zur HB, dann geht alles wie von selbst«. Letzterer war vor allem in der Kinowerbung mit der Kultfigur des HB-Männchens, das vor Ärger buchstäblich aus der Haut fuhr und sich mit einer Zigarette wieder beruhigte, vermittelt worden. Man lernte damals gerade, den Stress zu verspüren, der mit der dritten industriellen Revolution sich anzukündigen und zu einem Massenphänomen zu werden begann. Überhaupt die Werbung! Sie ist ein Gradmesser für die Sehnsucht auszusteigen – und sei es nur für die kurze Zeit, um mit einem neuen schnittigen Auto durch die Wüste zu fahren. Die Bilder der Urlaubsreklame fordern die Menschen auf, an die Sandstrände und in die Schneelandschaften hinauszulaufen, um Abstand zu gewinnen vom hektischen, gestressten Alltag.

Nun unterscheidet man aber heute schon wieder

zwischen den verschiedenen Arten von Stress. Es gibt die Erfahrung, dass anspruchsvolle Herausforderungen positiv erlebt werden, wenn man sich ihnen gewachsen fühlt. Diese positive Form des Stresses nennt man Eustress. Daneben gibt es den Stress, den wir landläufig damit bezeichnen: Die moderne Stressforschung nennt ihn den Distress. Er wird unter anderem hervorgerufen durch Zeitmangel, Mobbing, Versagensangst, Reizüberflutung, schwere seelische und körperliche Probleme und Verlusterfahrungen. Seine Symptome sind vielfältig, bei Erwachsenen vor allem Enge in Kehle und Brust, Übersensibilität bei Lärm, Schlafstörungen, Appetitlosigkeit und einiges andere. Lässt man Manager darüber reden, wie sie ihre Stresssituationen erleben, verwenden sie häufig das Bild des Hamsterrades. Sie kommen sich vor wie dieser kleine Nager, der aus dem Rad, das ihm eigentlich Bewegung verschaffen und dadurch das Adrenalin abbauen sollte, nicht mehr aussteigen kann, sondern stets weiterrennen muss, ohne wirklich ein Ziel vor Augen zu haben oder ein Ende absehen zu können.

Dabei entsteht der Stress nicht nur am Arbeitsplatz. Viele Menschen vermögen nicht mehr abzuschalten, wenn sie ihre Freizeit antreten; auch sie wird verplant, wird vollgestopft mit Terminen und Verpflichtungen. Der Urlaub, der ja eine geregelte Form dieses »Hinausfindens« aus dem Alltagsstress ist, wird in Robinson-Clubs oder anderen Freizeitcamps verbracht, in denen es eine Fülle von Angeboten gibt, die alle »mitgenommen« werden müssen, denn man zahlt ja dafür! Man hetzt von Animation zu Animation, vom Tauchen zum Surfen, von der Bar zum Karaoke. Mit dem Auto ist man stundenlang unterwegs zum Urlaubsort, doch bei der Hinreise und erst recht bei der Rückfahrt steht man im Stau, übrigens eine der anstrengendsten Stressformen, die es gibt. Mit dem stundenlangen Stop-and-go-Verkehr wird ein Teil des Erholungswerts, den der Urlaub gebracht hat, schon wieder zunichtegemacht. Aber man hat es eilig, will möglichst die Strecke durchfahren und ja nicht die Autobahn verlassen.

Die Zeit muss ausgenützt werden, sie ist kurz. So ergeht es uns heutzutage auch mit unverhofften Wartezeiten. Es gibt einen Friseurtermin und einen Behandlungstermin beim Zahnarzt. Kaum noch jemand will im Wartezimmer längere Zeit verbringen. Die Bestellpraxis ist zur Regel geworden. Müssen wir doch einmal warten, werden wir ungeduldig und ungehalten. Auch da könnten wir herausfinden aus der aufgeladenen Stimmung, indem wir die Wartezeit einfach als geschenkte Zeit des Aussteigens betrachten und nicht als eine gestohlene oder gar verlorene Zeit. Die christliche Tradition kennt eine Kirchenjahreszeit, deren Namen eigentlich schon das Warten enthält: den Advent. Er erinnert an die Jahrtausende währende Zeit des Wartens auf den Messias und ist gleichzeitig eine Zeit des erfüllten Wartens auf das Ereignis der Geburt des Erlösers. Was wir heute im Zuge der Kommerzialisierung der Vorweihnachtszeit erleben, ist nichts anderes als unser Unvermögen, Zeit scheinbar sinnlos verstreichen zu lassen. Der Advent ist keine stille Zeit mehr, sondern eine sehr laute geworden, erfüllt von der Hektik konsumgetriebener Menschen, die nur ja kein Schnäppchen verpassen wollen.

»Ars longa, vita brevis«, sagte schon der griechische Arzt Hippokrates: Die Kunst ist lang, doch kurz ist unser Leben, und er meinte damit, ein Menschenleben reiche nicht aus, die Kunst, das heißt die Technik und die Wissenschaft, ganz zu erfassen. Wir können noch so viel hineinpacken in unsere kurz bemessene Lebenszeit, sie wird immer zu kurz sein, um alles auszuschöpfen. Die Erfahrung gerade hektisch verbrachter Zeit wird sein, dass sie viel zu schnell an einem vorbeirauscht. Lässt man sich aber buchstäblich Zeit, so kann sie auch ausgekostet werden. Gerade unser deutscher Begriff Freizeit weist auf die Bedeutung dieser Zeitspanne hin: Sie sollte frei sein von Verplanung; nur so kann ihr erholsamer Charakter erfahren werden.

Ein Bekannter von mir, Georg, selbst ein begeisterter Freizeitsportler, erzählte mir von einem Elternabend im Hort seiner Kinder. Alle anwesenden Väter und Mütter waren stolz auf die vielfältigen Angebote, die gerade ihr »Hort« ihren Kindern zusätzlich zur Hausaufgabenbetreuung anbot. Sie empfanden es als ein attraktives Angebot, dass die Kinder dort ein Instrument lernen, verschiedene Sportarten trainieren und nützliche Kurse besuchen konnten. Georg war vollkommen überrascht, als die Erzieherinnen berichteten, sie hätten das Gefühl, dass die Angebote, zu deren Teilnahme sie die Kinder animierten, diese von ihrem tiefsten Wunsch, in ihrer Freizeit einfach nur miteinander spielen zu wollen, abhalten und sie stören würden. Georg entdeckte plötzlich, dass das, was er zunächst für einen großen Vorteil hielt, die Entwicklung von Kindern aber eher behindert. Denn sie werden es nicht mehr gewohnt sein, mit ihrer Zeit selbständig und aus eigenem Antrieb etwas anzufangen. Sie wird ihnen vom Nützlichkeitsdenken ihrer Eltern, die natürlich nur die Zukunft der Kinder im Blick haben, verplant. Wie sollen die Kinder dann einmal mit geschenkter Zeit etwas anfangen? Empfinden sie sie nicht nur als verloren?

Es gibt nicht nur zeitliche Zwänge, aus denen wir den Weg hinausfinden müssen, sondern auch räumliche beziehungsweise soziale. Der moderne Mensch ist geprägt von der individuellen Freiheit. Er wird jeden Zwang, der ihn einengt und seine Freiheit beschränkt, zuerst einmal ablehnen. War es in früheren Zeiten auch in unserer Kultur noch selbstverständlich, in kleine soziale Einheiten eingebunden zu sein – wie etwa die Dorfgemeinschaft, die Zunft in der Stadt, die Nachbarschaft, den Verein, die Kirchengemeinde –, so wird eine zu feste Bindung für viele heute zum Problem. Aber auch das dauernde Davonlaufen vor Bindungen wird wieder problematisch, weil der Mensch nun einmal ein animal sociale, ein Lebewesen ist, das sich richtig nur im Verbund mit anderen Menschen erleben und verwirklichen kann. Die Obdachlosen, die hinter unserem Bürohaus in der Münchener Innenstadt mit ihren blauen Mülltüten hausen, bilden auch eine Gruppe, die sich gegenseitig stärkt und miteinander auf unser Haus aufpasst, obwohl ein jeder von ihnen vor zu engen Bindungen davongelaufen ist. Wie findet man den Weg hinaus aus diesem Dilemma? Vor diesem Problem stehen viele Menschen unserer Tage, die ihr Leben selbstbestimmt und doch in lockerer Verbindung mit anderen leben wollen.

Ich glaube, es ist ganz wesentlich, sich selbst immer wieder mal eine kleine Auszeit zu nehmen, aus der Routine des laufenden Betriebs, auch der Partnerschaft, der Familie und der Freizeit; es ist wichtig, wenn auch nur kurz auszusteigen und sozusagen von außen oder oben auf sein eigenes Leben zu schauen und dadurch Abstand zu gewinnen zu sich selbst, zu den vielfältigen Bezügen und Tätigkeiten; von einer höheren Warte aus wieder mal darüber nachzudenken: Was will ich eigentlich? Was sind meine Ziele? Wie will ich sie verwirklichen? Was ist mir wirklich wichtig in meinem Leben? Wie setze ich meine Prioritäten?

Es gibt dazu einen wunderschönen Text, den ich durch einen meiner geistlichen Väter, einen Münchner Pfarrer, der für die Fortbildung seiner Kollegen verantwortlich war, kennen-, schätzen und lieben gelernt habe. Der Text stammt von Bernhard von Clairvaux, einem der bedeutendsten Menschen des Hochmittelalters. Im Alter von dreiundzwanzig Jahren trat er zusammen mit circa dreißig Freunden und Verwandten ins Kloster Cîteaux ein, aus dem sich dann der Zisterzienserorden entwickelte, ein Reformzweig der Benediktiner. Schon zwei Jahre später wurde er Abt des Klosters Clairvaux. Bald wirkte er mit seinen Briefen, seinen zahlreichen Reisen und Predigten weit über das Kloster hinaus, beriet Papst, Kaiser und Könige. Bis zu seinem Tod 1153 verfasste er zahlreiche Schriften zu Theologie, Kirchendisziplin und Mystik. In dieser Zeit gründete er auch selbst achtundsechzig weitere Klöster. Bernhard verband in seinem Wirken die Sehnsucht nach dem kontemplativen, beschaulichen Klosterleben mit einem äußerst aktiven Auftreten in Welt und Gesellschaft seiner Zeit. Papst Eugen III., der 1145 zum Papst gewählt wurde, ist einer seiner Zöglinge gewesen. An ihn richtete Bernhard in seinem Todesjahr eine Schrift mit dem Titel *De consideratione*, auf Deutsch ungefähr: Erwägung, Besinnung, Betrachtung. Ein Papst war zu dieser Zeit nicht nur geistliches Oberhaupt seiner Kirche, sondern gleichzeitig Staatsoberhaupt, Verwalter seiner Territorien und Kriegsherr, ein Mann mit vielfältigen Aufgaben. Der Papst sollte sich im Trubel der Geschäfte Zeit nehmen für Abstand und

Übersicht und dadurch an Entschlussfähigkeit gewinnen. Er sollte immer wieder den Weg hinaus finden und seine Gedanken freischaufeln von all dem Müll, der sich im Alltag der Geschäftigkeit ansammelte. Die folgende Auswahl und Übersetzung verdanke ich Pfarrer Josef Brandner.

»Wo soll ich anfangen? Am besten bei Deinen zahlreichen Beschäftigungen, denn ihretwegen habe ich am meisten Mitleid mit Dir. Ich fürchte, dass Du, eingekeilt in Deine zahlreichen Beschäftigungen, keinen Ausweg mehr siehst und deshalb Deine Stirn verhärtest; dass Du Dich nach und nach des Gespürs für einen durchaus richtigen und heilsamen Schmerz entledigst.

Es ist viel klüger, Du entziehst Dich von Zeit zu Zeit Deinen Beschäftigungen, als dass sie Dich ziehen und Dich nach und nach an einen Punkt führen, an dem Du nicht landen willst. Du fragst, an welchen Punkt? An den Punkt, wo das Herz anfängt hart zu werden. Frage nicht weiter, was damit gemeint sei; wenn Du jetzt nicht erschrickst, ist Dein Herz schon so weit.

Das harte Herz ist allein; es ist sich selbst nicht zuwider, weil es sich selbst nicht spürt. Was fragst Du mich? Keiner mit hartem Herzen hat jemals das Heil erlangt, es sei denn, Gott habe sich seiner erbarmt und ihm, wie der Prophet sagt, sein Herz aus Stein weggenommen und ihm ein Herz aus Fleisch gegeben.

Wenn Du Dein ganzes Leben und Erleben völlig ins Tätigsein verlegst und keinen Raum mehr für die Besinnung vorsiehst, soll ich Dich da loben? Darin lob ich Dich nicht. Ich glaube, niemand wird Dich loben, der das Wort Salomons kennt: ›Wer seine Tätigkeit einschränkt, erlangt Weisheit‹ (Jesus Sirach 28,25). Und bestimmt ist es der Tätigkeit selbst nicht förderlich, wenn ihr nicht die Besinnung vorausgeht.

Wenn Du ganz und gar für alle da sein willst, nach dem Beispiel dessen, der allen alles geworden ist (1 Korinther 9,22), lobe ich Deine Menschlichkeit – aber nur, wenn sie voll und echt ist. Wie kannst Du aber voll und echt sein, wenn Du Dich selbst verloren hast? Auch Du bist ein Mensch. Damit Deine Menschlichkeit allumfassend und vollkommen sein kann, musst Du also nicht nur für alle anderen, sondern auch für Dich selbst ein aufmerksames Herz haben.

Denn was würde es Dir sonst nützen, wenn Du – nach dem Wort des Herrn (Matthäus 16,26) – alle gewinnen, aber als einzigen Dich selbst verlieren würdest? Wenn also alle Menschen ein Recht auf Dich haben, dann sei auch Du selbst Mensch, der ein Recht auf sich selbst hat. Warum solltest einzig Du selbst nicht von Dir alles haben? Wie lange bist Du noch ein Geist, der auszieht und nie wiederkehrt (Psalm 78,39)? Wie lange noch schenkst Du allen anderen Deine Aufmerksamkeit, nur nicht Dir selber? Ja, wer mit sich schlecht umgeht, wem kann der gut sein?

Denk also daran: Gönne Dich Dir selbst. Ich sage nicht, tu das immer, ich sage nicht: Tu das oft, aber ich sage: Tu es immer wieder einmal. Sei wie für alle anderen auch für Dich selbst da, oder jedenfalls sei es nach allen anderen.«

- Entrümple deinen Geist!
- Dringe vor zum Wesentlichen!
- Finde den Weg hinaus!

- Steige immer wieder aus dem Hamsterrad aus!
- Verlangsame deine Zeit, und lerne das Warten!
- Gönne dich dir selbst! Tu es immer wieder einmal!

Kapitel 13

Lebe erwartungslos

Bedeutet die Forderung, erwartungslos zu leben, dass dies wirklich ein Element der Lebensgestaltung von uns modernen Menschen sein soll, die wir doch ständig hören, dass man nur mit einer Vision, die es umzusetzen gilt, als Führungskraft erfolgreich sein kann? Heute wird diese Forderung sogar mit einem Wort verstärkt, das wir Theologen vor einigen Jahrzehnten verschämt aus unserem Vokabular gestrichen haben: Ein Unternehmen, ein Manager braucht eine Mission, um auf dem Markt der Produkte und Dienstleistungen bestehen zu können. Das heißt doch, zuerst brauche ich ein Konzept, eine Idee, einen Plan, den ich dann durch aktives und offensives Gestalten umsetzen will. Natürlich verbinde ich damit Erwartungen, zumindest diejenige, dass mir mein Vorhaben wenigstens ansatzweise gelingt und dass dieses zum erhofften Erfolg führt. Ich habe eben ein Sendungsbewusstsein, eine missionarische Haltung, die mich dazu treibt, mein Vorhaben zu realisieren.

Dies gilt natürlich nicht nur für Manager und Unternehmer, sondern für jeden, der führen muss, und sei es nur das eigene Leben, eine Familie, einen Verein, jedwede

Organisation. Was meine ich mit diesem Rat, der ganz wesentlich zur Entrümpelung des Geistes gehört: Lebe erwartungslos?

Keineswegs kann es sich dabei um Fatalismus handeln. Mit diesem Fremdwort bezeichnen wir eine Lebenshaltung, die verschiedene Formen annehmen kann. Ein religiöser Fatalismus meint den Glauben, dass die Geschicke des Menschen und der Welt von einer alles bestimmenden Schicksalsmacht, die als unpersönlich oder persönlich vorgestellt wird, unentrinnbar verursacht werden. In Griechenland standen die »Moiren«, die Schicksalsgöttinnen, noch über den anderen Göttern, im Germanischen webten die Nornen am Lebensfaden der Menschen. Heute begegnet uns der religiöse Fatalismus besonders im muslimischen Bekenntnis. Die Bezeichnung »Islam« als solche heißt »Ergebung« in den Willen Allahs, der allbestimmend, unabänderlich und meist undurchschaubar ist. Damit unterliegt das Schicksal des Menschen der Prädestination, der Vorherbestimmung, die seit Ewigkeit feststeht und der kein Mensch durch seine eigenen Taten entrinnen kann. Sie stellt ein großes Problem dar in der Diskussion über die Freiheit des einzelnen Menschen in seinen Handlungen und Entscheidungen, die er nach dieser Auffassung – streng genommen – in keiner Weise beeinflussen kann. Der Kalvinismus, eine der reformatorischen christlichen Konfessionen, betont gerade diesen Aspekt der Allwissenheit Gottes. Auch im Katholizismus entstand im siebzehnten Jahrhundert eine mystische Bewegung, die als Quietismus bezeichnet wird. Ähnlich wie im Islam wird die Vollkommenheit angestrebt, indem der Mensch sich um die beiden Grundhaltungen der radikalen Hingabe und völligen Passivität Gott gegenüber bemüht. Diese Bewegung wurde allerdings innerhalb der katholischen Kirche verurteilt, weil sie, um den Zustand des »Ruhens« (lat. quies) zu erreichen, alle anderen Übungen der Frömmigkeit und Tugend als schädlich ansah.

Hier sehen wir schon: Diese Überzeugung – sei sie nun religiös motiviert oder nicht –, einer unentrinnbaren, gesetzmäßigen Notwendigkeit des Geschehensablaufs unterworfen zu sein, kann häufig zu einer Haltung führen, die den Menschen lähmt. Schicksalsergebenheit hat dann Passivität und Pessimismus zur Folge. Kant verurteilt diese Haltung mit seinem Begriff der »faulen Vernunft«, die auf Betätigung verzichtet »und sich also zur Ruhe begibt, als ob sie ihr Geschäft völlig ausgerichtet habe«.

Mit diesen Vorüberlegungen haben wir das Thema dieses Kapitels – lebe erwartungslos – eingekreist, wir wissen jetzt, was es nicht sein kann: Fatalismus, Passivität und daraus resultierend ein lähmender Pessimismus. Nun die Frage nach den positiven Inhalten: Was heißt das, erwartungslos zu leben?

Ich verstehe darunter eine grundsätzliche optimistische Offenheit gegenüber dem Leben und seinen Überraschungen und Unwägbarkeiten, ohne dabei die Hände in den Schoß zu legen. Es ist die Kunst, seine eigenen Träume und Visionen nicht aufzugeben und sich gleichzeitig immer neu einzustellen auf eine sich dauernd verändernde Situation. Als Beispiel kann hier wieder die Tugend des Managers gelten: Er formuliert für seinen Verantwortungsbereich mit seinen Mitarbeitern die Ziele, die innerhalb eines überschaubaren Zeitraums, meistens eines Jahres, erreicht werden sollen. Für ihn selbst oder für das Gesamtunternehmen gibt es sicher längerfristige Zielvorstellungen.

Ich habe damals, als ich 1986 die Verantwortung für den Wirtschaftsbereich unseres Klosters übernommen habe, in Abstimmung mit den Vorstellungen meines Vorgesetzten, des Abtes, einen Plan über fünfzehn Jahre aufgestellt, den ich bis auf Vierteljahrespläne heruntergebrochen hatte. Als ich im Jahr 2000 diesen Zielplan wieder in die Hand nahm, stellte ich fest, dass ich alle damals formulierten Ziele und noch einige mehr verwirklicht hatte. Die einzelnen Quartale stimmten zwar nicht immer mit meinen ursprünglichen Zeitplänen überein, aber in der Gesamtschau war ich doch ziemlich punktgenau gewesen.

Dies ist aber nur der erste Teil der Kunst des Managements. Der zweite Teil besteht darin, die Schwierigkeiten, die bei der Umsetzung auftreten, zu meistern. Die Erwartungslosigkeit drückt sich darin aus, dass man Realist ist und weiß, dass Hemmnisse und Hindernisse bei der Umsetzung von Plänen dazugehören; dass ihr Auftreten nicht dazu führt, alles hinzuschmeißen und aufzugeben, sondern jede Schwierigkeit im Blick auf den Gesamtplan mit Tatkraft und Entschlossenheit anzugehen und die Aufgaben einzeln zu erledigen.

Ich stellte einem Banker aus einem der größeren Orte um den Ammersee, in meinen Augen ein Workaholic, dem es aber immer gelungen war, dabei ruhig und ausgeglichen zu bleiben, die Frage, ob er denn seine Pensionierung genießen könne, ohne Büro und Kundenkontakt. Er antwortete mir mit einem verblüffenden Bild: »Ach wissen Sie, ich genieße es, später aufzustehen und nicht mit den ersten Gedanken an die Arbeit und den Beruf gebunden zu sein und mir die angstvolle Frage zu stellen: ›Was für ein toter Fisch liegt heute Morgen wieder auf deinem Schreibtisch?‹«

Diese Metapher begleitet mich seither bei meinen Beratungen und Vorträgen: Die Kunst des Managens besteht hauptsächlich darin, tote Fische zu entsorgen. Übersetzt in die Alltagssprache heißt das: unerwartet auftretende Probleme zu erledigen. Alles, was gutläuft, kommt normalerweise ja nicht auf den Schreibtisch der Führungskraft, das können die Mitarbeiter gut selbst erledigen. Nur wenn es hakt, werden die Aufgaben meistens wieder nach oben zurückdelegiert. Darum muss man sich als Verantwortlicher besonders häufig und zeitintensiv kümmern. Erwartungslosigkeit besteht also darin, nicht zu glauben, es müsse immer alles wie am Schnürchen gehen. Im Gegenteil: Es gilt, immer wieder zu motivieren, immer wieder anzuschieben, immer wieder den Gesamtplan in Erinnerung zu rufen und mit Mut und Elan und einer gehörigen Portion Humor und Gelassenheit die Unbilden des Alltags anzupacken. Wenn ich in diesem Sinn erwartungslos lebe, werde ich das Unvorhergesehene auch nicht als einen Stressfaktor erleiden, sondern es als meine spezifische Aufgabe ansehen, dafür da zu sein. Der katholische Schriftsteller Romano Guardini bezeichnet diese Haltung als die Tugend der Annahme dessen, was ist. (Siehe Kapitel 15.)

Einen weiteren Aspekt der Erwartungslosigkeit, der mir vor allem durch die Regel des heiligen Benedikt von Nursia bewusst geworden ist, stellt die Haltung der discretio beziehungsweise das Finden des rechten Maßes im Umgang mit Menschen dar. Der lateinische Begriff discretio ist zwar der Ursprung unseres Fremdwortes Diskretion, dieses ist aber in der Bedeutung von Fingerspitzengefühl und Zurückhaltung zu schwach für das, was der Mönchsvater Benedikt damit ausdrücken will. Das Verbum discernere heißt unterscheiden. Die discretio ist die Gabe der Unterscheidung. Eine Führungskraft muss die Menschen von einander unterscheiden können und darf sie nicht über einen Kamm scheren. Benedikt unterstreicht das, was er damit meint, mit dem biblischen Bild des Hirten, der zu sich sagt: »Wenn ich meine Herden unterwegs überanstrenge, werden alle an einem Tag zugrunde gehen.« Von seinem Abt verlangt der Verfasser der wirkungsmächtigsten westlichen Mönchsregel, dass er fähig ist, »der Eigenart vieler zu dienen«.

Das vierzigste Kapitel der Regel handelt vom »Maß des Getränkes«. Eigentlich eine banale Abhandlung über einen ebenso banalen Bereich des alltäglichen Zusammenlebens in einer Gemeinschaft. Und doch begründet Benedikt seine Festlegungen mit ein paar Sätzen der geistlichen Führungskunst, die ungeheuer hilfreich sein können beim erwartungslosen Umgang mit anderen Menschen. Er beginnt mit dem kurzen Einleitungssatz, einem Zitat aus dem ersten Korintherbrief, in dem der Apostel Paulus die kleine Christengemeinde von Korinth mahnt, nicht in die heidnische Haltung des Sich-untereinander-Vergleichens und Sich-für-besser-Haltens zurückzufallen: »Jeder hat seine Gnadengabe von Gott, der eine so, der andere so.« Dann folgt ein Satz, der für mein persönliches und berufliches Leben inzwischen eine unerwartete Sprengkraft entwickelt hat. Es heißt da: »Deshalb bestimmen wir nur mit einigem Bedenken (cum aliqua scrupulositate) das Maß der Nahrung für andere.« Kurz gesagt: Ich kann für andere kein Maß festlegen. Aber ist nicht genau das der häufigste Reibungspunkt bei Menschen, die auf Tuchfühlung miteinander leben und arbeiten? Man bildet sich doch ein, genau zu wissen, wie ein anderer zu sein, zu handeln, sich zu benehmen, zu arbeiten, sich zu entwickeln hat.

Betrachten wir nur das Verhältnis von Eltern zu Kindern: Einer der häufigsten Konfliktstoffe besteht darin, dass die Kinder nicht genau so sind oder werden, wie es sich die Eltern eingebildet haben. Oder mein Lebenspartner: Er hat seine Eigenarten, und ich mühe mich ein Leben lang ab, sie ihm auszutreiben, was immer wieder zu Streit und Krach führt. Nehmen wir zur Verdeutlichung das Bild des Maßnehmens mit Hilfe einer Messlatte: Ich erwarte von anderen, dass sie in das von mir festgelegte Maß hineinwachsen oder zurechtgestutzt werden müssen. Das führt bei Benedikt zum Murren; in unserer heutigen Sprache ausgedrückt: zu Demotivation, Verweigerungshaltung, Konflikt und schließlich zur unfreundlichen Trennung. Gerade Eltern müssen oft schmerzhaft lernen, dass es ihre Aufgabe ist, Kinder in die je eigene Freiheit zu entlassen und sie dafür zu befähigen.

Heißt das nun, dass ich alle Bemühung um Änderung aufgeben muss, dass ich einfach die Dinge so laufen lassen soll, wie sie sich entwickeln, dass ich die Menschen völlig sich selbst überlassen soll? Nein. Denn es heißt: Leg die Messlatte nicht bei anderen an, sondern zuerst bei dir selbst. Dich selbst kannst und musst du ändern, bevor du andere zur Änderung anhältst. An deine Einstellung musst du immer wieder deine Messlatte anlegen und dich ändern und dann dein Maß immer wieder anpassen. Die Moralisten wissen immer, was die anderen zu tun und zu lassen haben. Wenn ich nicht bei mir beginne und mit gutem Beispiel vorangehe, wird alles Reden und Fordern nicht viel Frucht bringen. Jesus erläutert dies in einem schönen Bild:

»Richtet nicht, so werdet ihr nicht gerichtet! Denn mit dem Urteil, mit dem ihr urteilt, werdet ihr beurteilt werden, und mit dem Maßstab, mit dem ihr messt, wird euch zugemessen werden. Warum siehst du den Splitter im Auge deines Bruders, aber den Balken in deinem Auge bemerkst du nicht? Wie kannst du zu deinem Bruder sagen: Lass mich den Splitter aus deinem Auge herausziehen! – und dabei steckt in deinem Auge ein Balken? Du Heuchler! Zieh zuerst den Balken aus deinem Auge!« (Matthäus 7,1–5)

Ein weiterer Gedanke: Bedeutet erwartungslos zu leben den Verzicht auf jegliche Leidenschaft? Ich verstehe in diesem Kontext unter Leidenschaft die Kraft, mich mit ganzem Herzen einzusetzen für einen Menschen, der mir wichtig ist, oder für eine Sache, die für mich große Bedeutung hat. Das Wort Leidenschaft hat aber noch andere Konnotationen. Wir hören das Leiden heraus. Dazu fällt mir ein Merkspruch ein, der dieses Verständnis von Leidenschaft sehr gut wiedergibt: »Die Eifersucht ist eine Leidenschaft, die mit Eifer sucht, was Leiden schafft.« Wer von Eifersucht geplagt ist, kann ein Lied davon singen, wie wahr diese Weisheit ist. Leidenschaft schafft Leiden, so könnte man daraus folgern. Für den Buddhismus ist es daher auch zu einer maßgeblichen Lebensregel geworden, sich in diesem Leben von jeglicher Leidenschaft – die buddhistische Tradition spricht von »Durst« – frei zu machen, weil sie nur das Leiden in der Welt vermehrt. Damit wird sicher eher das bezeichnet, was wir modern mit Trieb oder Gier benennen würden. Aber dennoch erkennen wir im Angesicht des lächelnden Buddhas eine gewisse Leidenschaftslosigkeit, die uns westlichen, aktiven Menschen eher fremd bleibt.

Die Lösung könnte in einer der vier Kardinaltugenden

liegen, die in unserer Tradition in der letzten Zeit ein bisschen in Vergessenheit geraten sind, nämlich in der Tugend der fortitudo, der Stärke, des Starkmuts, der Tapferkeit oder, wie der bekannte christliche Philosoph Josef Pieper sie auch übersetzt, der »Zürnkraft«. Die Kraft, sich mit heiligem Zorn für das Gute gegen die Übermacht des Bösen einzusetzen, bedeutet, gewendet auf unsere Fragestellung, dass das Standhalten das Eigentlichere ist als der Angriff. Dieses Standhalten ist nur in einem äußeren Sinn etwas Passives. Nach Thomas von Aquin erscheint zwar das Standhalten als reine Passivität, und stets sei aktives Tun vollkommener als passives Erleiden. Aber: Standhalten schließt eine starke seelische Aktivität ein, nämlich ein kraftvoll zupackendes Festhalten am Guten, und erst aus dieser starkherzigen Aktivität nährt sich die Kraft zum Erleiden. Es lässt sich also resümieren: Lebe erwartungslos bedeutet: Sei offen für das, was die Zukunft bringt. Verstelle sie dir nicht durch zu große und zu detaillierte Erwartungen. Rüste dich für Überraschungen, die das Leben bringt. Blicke mit einer gehörigen Portion Optimismus auf das Morgen, ergreife nicht nur den rechten Augenblick, sondern auch die Chancen, die dir das Leben immer wieder bietet.

Auch ein Blick auf das, was zu tun ist, lohnt noch einmal: Der Imperativ lautet: lebe! In unserem Zusammenhang scheint ein geläufiger Spruch, den wir schon in Kapitel zwölf erwähnten, genau das Gegenteil anzuraten: Träume nicht dein Leben, sondern lebe deine Träume! Sind Träume nicht schaumgeborene Erwartungen, die beim Erwachen verblassen? Bloße Utopien, auf denen sich die Zukunft keinesfalls bauen lässt? In jedem Kapitel dieses Buches geht es um die Suche nach dem Wesentlichen in unserem Leben.

Für die ältesten Philosophen war das die eigentliche Zielrichtung ihres Nachdenkens über Gott und die Welt: Wie gelingt es dem Menschen, ein gutes Leben zu führen? Der Ausdruck »gut leben« ist in unserer Zeit allerdings in seiner Bedeutung dahin verschoben worden, dass man damit oft ein üppiges, früher hätte man gesagt: ausschweifendes Leben meint. Heute müsste man präziser vom erfüllten, ausgeglichenen, stimmigen, gar authentischen Leben sprechen. Die Alten prägten dafür den Begriff der Eudämonie.

Neben der Philosophie bemühen sich auch alle Religionen darum, dem Menschen ein sinnvolles Leben zu ermöglichen. Nur sehen sie die Möglichkeit, die Erfüllung in diesem Leben schon zu erreichen, wesentlich pessimistischer. Sei es nun der christliche Himmel, das muslimische Paradies oder das buddhistische Nirwana, sie werden als die Erfüllung des Lebens, als das eigentliche Lebensziel angesehen. Dies brachte den Religionen auch den berühmten Vorwurf von Karl Marx ein, sie seien »Opium für das Volk«, eine bloße Vertröstung auf das Jenseits. Religion beruhige die Menschen dahingehend, sich nicht für eine Veränderung der hiesigen Verhältnisse einzusetzen, sondern sie fatalistisch anzunehmen, da sich die Erwartungen eines glücklichen Lebens erst dort, im Jenseits, erfüllen ließen.

Aber auch die Religionen kennen natürlich eine Ethik, die sich im guten Zusammenleben der Menschen realisieren muss. Gerade in der Bergpredigt Jesu habe ich persönlich immer mehr eine Schule des sinnvollen Lebens, der Eudämonie, erkannt. Die sogenannte Goldene Regel, von der Jesus sagt, in ihr seien das ganze Gesetz und die Propheten zusammengefasst, ist in ihrer Einfachheit und unmittelbaren Anwendbarkeit unübertroffen. Benedikt von Nursia zitiert sie in seiner Klosterregel folgendermaßen: »Keinem anderen antun, was man selbst nicht erleiden möchte.« Es geht um das Auskommen mit den Mitmenschen. Das war wahrscheinlich für die Anfänge unserer Gattung neben dem Überleben in der feindlichen Umwelt eines der Hauptprobleme: Wie können wir unser soziales Leben als Gruppe optimal gestalten?

Aber die Denker der Menschheit gingen weiter in die Tiefe: zum Ich. Das war vielleicht die größte Entdeckung der Geschichte: das Erkennen der Individualität. Die Frage heißt dann: Was ist das eigentlich: Leben, und wie geht das, dass ich als Individuum ein gelingendes Leben führen kann? Konzentrieren wir einmal den Blick nur auf unser Selbst, losgelöst von allen vielfältigen Bezügen, in denen wir als soziale Wesen unweigerlich stecken. Ein vielgelesenes Lebenshilfebuch unserer Tage trägt den prägnanten Titel: *Sorge dich nicht. Lebe!* Dies ist sicher ein anderer Aspekt der Erwartungslosigkeit: die Freiheit von Sorge. Allerdings glaube ich nicht, dass wir ganz ohne Sorge auskommen können. Der Philosoph Martin Heidegger hat mit diesem Wort einen wesentlichen Teil unseres Antriebs und Agierens umschrieben. Schon das Wort Sorglosigkeit hat einen Beigeschmack von Unvorsichtigkeit und Fahrlässigkeit.

Die Antike propagierte als Tugend der Lebensbewältigung vor allem den Mut, während das Christentum dagegen die Hoffnung als eine der drei göttlichen Tugenden hoffähig gemacht hat. Die Hoffnung geht von der Vorstellung aus, dass der Mensch auf dem Weg ist, dass er auf eine Zukunft und ein Ziel hin ausgerichtet ist, das ist seine Erwartung. Alles, was ihm auf diesem Weg begegnet, nimmt er gelassen hin und wird damit so umgehen, wie es die grundsätzliche Zielorientierung gebietet. Es ist wiederum die Haltung der Gelassenheit, die uns hier begegnet und die einen Menschen mit Optimismus, einer grundsätzlich ihn tragenden Zuversicht, prägt. Loslassen können von Entwürfen und Erwartungen, andere und anderes so sein lassen können, wie es beziehungsweise sie sich auf ihr eigenes Daseinsziel hin entwickeln, und dies alles mit der Heiterkeit des hoffnungsfrohen Menschen annehmen, dies wäre mein Ideal des erwartungslos lebenden Menschen.

Zum Schluss eine Strophe aus einem Lied, das der evangelische Theologe Dietrich Bonhoeffer in seiner Haft im Jahre 1944 dichtete, als er wusste, dass er seinen NS-Schergen nicht lebend entkommen würde:

Von guten Mächten wunderbar geborgen,
erwarten wir getrost, was kommen mag.
Gott ist bei uns am Abend und am Morgen
und ganz gewiss an jedem neuen Tag.

- ENTRÜMPLE DEINEN GEIST!
- DRINGE VOR ZUM WESENTLICHEN!
- LEBE ERWARTUNGSLOS!
- SEI OFFEN GEGENÜBER DEM LEBEN UND SEINEN ÜBERRASCHUNGEN!
- SEI REALISTISCH: HEMMNISSE UND HINDERNISSE GEHÖREN ZUR ZIELVERFOLGUNG!
- LERNE LOSZULASSEN!

Kapitel 14

Tue Gutes und schweige

In unserer Kapitelüberschrift scheint ein diametraler Widerspruch zu liegen zur heute gängigen Formulierung aus dem Marketing moderner Unternehmensführung: »Tue Gutes und rede darüber!« Gemeint sind damit die gemeinnützigen Aktionen von Firmen, mit denen sie kulturelle, sportliche oder karitative Aktivitäten unterstützen in Form von Spenden, oder auch das sogenannte Sponsoring, eine gute Tat, die mit einer Gegenleistung bedacht wird. Beide Arten von Wohltätigkeit werden dann medienwirksam für die Imagepflege des jeweiligen Unternehmens eingesetzt.

Diese Form heutiger Marktpositionierung kommt uns sehr neu vor, sie ist es aber nicht. Schon in der Antike, die ja keine staatlich oder religiös organisierte Form der Wohltätigkeit oder Fürsorge kannte, gab es sie. Viele Herrscher in der Zeit des Hellenismus erhielten den Beinamen »Euergetes« – Wohltäter, weil sie wegen ihrer Großzügigkeit gegenüber ihren Bürgern in die Geschichte eingingen und es wohl bewusst auch wollten. Ebenso ist von den römischen Herrschern bekannt, dass sie sich mit großzügigen Geschenken die notwendigen Stimmen bei den politischen Wahlen erkaufen wollten. »Panem et circenses« – Brot und Zirkusspiele: Mit dieser Art Wohltätigkeit als Beitrag zur Ernährung und Unterhaltung der Mitbürger konnte auch ein Staatsmann wie Julius Cäsar sein Image aufpolieren. Er hat sich sogar hoch verschuldet, um die immensen Ausgaben, die dafür nötig waren, bestreiten zu können. Woher also kommt dann die Aufforderung, Gutes zu tun und davon zu schweigen?

In der Bergpredigt, der authentischen Zuspitzung der Ethik des Jesus von Nazareth, die seine ureigene Auslegung der jüdischen Tradition darstellt, gibt es zwei widersprüchlich klingende Aussagen, in denen er sich über das Tun des Guten äußert. Gleich am Anfang heißt es: »Ihr seid das Licht der Welt. Eine Stadt, die auf einem Berg liegt, kann nicht verborgen bleiben. Man zündet auch nicht ein Licht an und stülpt ein Gefäß darüber, sondern man stellt es auf einen Leuchter; dann leuchtet es allen im Haus. So soll euer Licht vor den Menschen leuchten, damit sie eure guten Werke sehen und euren Vater im Himmel preisen.« (Matthäus 5,14–16)

Ein bisschen später schreibt derselbe Evangelist Matthäus folgendes Jesuswort: »Hütet euch, eure Gerechtigkeit vor den Menschen zur Schau zu stellen; sonst habt ihr keinen Lohn zu erwarten. Wenn du Almosen gibst, lass es also nicht vor dir herposaunen, wie es die Heuchler in den Synagogen und auf den Gassen tun, um von den Leuten gelobt zu werden. Amen, das sage ich euch: Sie haben ihren Lohn bereits erhalten. Wenn du Almosen gibst, soll deine linke Hand nicht wissen, was deine rechte tut. Dein Almosen soll verborgen bleiben, und dein Vater, der auch das Verborgene sieht, wird es dir vergelten.« (Matthäus 6,1–4)

Die Exegeten, die Fachleute im Auslegen der Bibel, schlagen für diesen Widerspruch folgende Lösung vor: In dem Jesuswort vom Berg, von der Stadt und dem Licht ist die Gruppe der Christen gemeint, die als Gemeinschaft die Wohltätigkeit übt und sie damit unabhängig vom Eitelkeitsstreben des Einzelnen macht. Tatsächlich kam diese Form der Wohltätigkeit ja erst durch das Christentum in die Welt und wurde in den ersten Jahrhunderten auch wirklich zu ihrem Marketingkennzeichen: »Seht, wie sie einander lieben!«, hieß es bei den Heiden über die Anhänger des Jesus aus Nazareth. Kirche war also nicht nur Glaubens- und Feiergemeinschaft, sondern gleichzeitig auch eine Art Unterstützungsverein für ihre Mitglieder. Das Vermögen wurde organisiert umverteilt. Es gab eine Armenkasse, aus der die Bedürftigen das Nötige erhielten: Witwen- und Waisenversorgung, Kranken- und Altenpflege, Speisung von Hungernden, bis hin zu den Bestattungskosten für Mittellose, all das wurde durch die christliche Gemeinde geleistet.

Im zweiten Beispiel aus der Bergpredigt geht es vor allem um das private Tun des Guten. Zur Zeit Jesu gab es auch im Judentum keine durch die Synagoge organisierte Armenversorgung. Vielmehr war die Verteilung des von der Thora geforderten Armenzehnten ins Belieben des Einzelnen gestellt. Umso stärker wurde das private Almosengeben empfohlen. Dieses wurde oft missbraucht als Gelegenheit zu vorteilhafter öffentlicher Selbstdarstellung, denn die Spenden konnten bei Gottesdiensten öffentlich versprochen werden. Wer besonders viel bot, wurde besonders geehrt und durfte zum Beispiel neben dem Rabbi sitzen. Der Text des Evangelisten benennt einen Menschen, der nur auf das Äußere aus ist, einen Heuchler. Das griechische Wort hypokrites meint ursprünglich ganz neutral einen Schauspieler. Es bekommt im ethischen Bereich eine negative Bedeutung und bezeichnet einen Menschen, der etwas anderes tut oder ist, als er sagt. Die Gesinnung dieser Menschen ist angreifbar: Sie geben das Almosen nicht aus Liebe zum Nächsten, sondern um ihrer selbst willen. Sie haben mit der ihnen zuteilgewordenen Ehre ihren Lohn schon bekommen. Damit wird die menschliche Selbstdarstellung als eigentliches Ziel der guten Tat entlarvt. Eine ethisch authentische Gesinnung des Wohltäters wird aber nicht nur im Judentum gefordert, auch die heidnische Philosophie und hier besonders die Stoa lässt ähnliche Töne erklingen. Epiktet äußert in seinen Unterredungen: »Was ich gut machte, tat ich nicht, um gesehen zu werden, sondern meiner selbst wegen, mir und Gott zu Gefallen.« Und Cicero schreibt in seinen *Gesprächen in Tusculum:* »Keine Zuschauerschaft für die Tugend ist höher als das Gewissen.«

Es geht also, um es mit einem Wort unserer Zeit auszudrücken, um Authentizität, also um Übereinstimmung zwischen Gesinnung und Handeln, wenn wir Gutes tun. Ich werde manchmal von Firmen, die sich für ein soziales Projekt einsetzen wollen, um Rat gefragt, ob dies oder jenes zum Image des Unternehmens passe. Ich kann da nur zu Authentizität in doppelter Hinsicht raten: erstens hinsichtlich des Umfelds und der Außenwirkung und zweitens hinsichtlich der Mitarbeiter. Wobei die Einbindung der Mitarbeiter bei der Auswahl zeitlich der erste Schritt sein muss. Nur wenn jeder einzelne Mitarbeiter gegenüber seinen Kollegen und den Kunden voll dahintersteht, wird er ein Projekt auch kommunizieren und vielleicht sogar andere dazu animieren, sich ebenfalls zu engagieren. Am besten wäre ein kleineres Projekt, bei dem man sich auch persönlich durch sichtbare Mithilfe einsetzen kann. In der

Außenwirkung muss es mit den Unternehmenszielen, den Produkten oder Dienstleistungen in einem Zusammenhang stehen und darf nicht zu weit von diesen entfernt sein. Dasselbe gilt auch für das Engagement eines Einzelnen: Auch hier wird jemand nur als »echt« empfunden (um es mit einem Wort der Jugendsprache auszudrücken), wenn seine innere Einstellung mit dem äußeren Tun übereinstimmt. Es muss wirklich mein Anliegen, meine Sache sein, für die ich meine Zeit und meine Kraft zur Verfügung stelle. Eine bloße Attitüde nützt nichts, weil sie sofort entlarvt wird als nicht wirklich von innen kommend und dann eher kontraproduktiv wirkt. Wir sollten uns eine Person oder Personengruppe, ein Umweltprojekt, eine kulturelle Maßnahme suchen, bei der wir möglichst direkt helfen können. Gerade beim unmittelbaren Kontakt mit den jeweiligen Mitkämpfern und den Menschen oder Lebewesen, denen geholfen wird, empfindet man auch persönlich den höchsten Grad an innerer Zufriedenheit.

Ein weiterer Aspekt ist sicher auch die Selbstverständlichkeit. Die Aufforderung zum Schweigen in der Kapitelüberschrift weist darauf hin: Mach kein großes Aufheben drum, sondern tu es einfach. Rede nicht nur drüber, oder denk dauernd darüber nach, sondern mach es, komm in die Puschen! Der erste Satz der Benediktsregel spricht von einem Dreischritt: Kommunikation – Annehmen – Tun. Dort heißt es wörtlich: »Höre mein Sohn auf die Weisung des Meisters, neige das Ohr deines Herzens, nimm die Lehren des gütigen Vaters willig an, und erfülle sie durch die Tat.« Nicht im endlosen Palavern und Diskutieren geschieht das Gute, sondern im bedachten und selbstverständlichen Tun! Erich Kästner bringt es mit dem markanten Zweizeiler auf den Punkt: »Es gibt nichts Gutes, außer man tut es!« Der brasilianische Bestsellerautor Paulo Coelho zitiert den englischen Schriftsteller William Blake: »Worte, die nicht zu Taten werden, bringen die Pest.« Und der Dalai Lama äußert in einem Interview: »Wer nichts tut, handelt trotzdem schlecht.« Die Pfadfinder haben es sich zur Regel gemacht, jeden Tag eine gute Tat zu vollbringen. Wer nur einmal am Tag etwa Positives tut, der schafft schon sehr viel für die Verbesserung des Lebens. Nur im Kleinen kann man beginnen, die Welt zu verändern.

Mir fällt als herausragendes Beispiel für dieses selbstverständliche und stillschweigende Tun des Guten ausgerechnet der als Medienpapst apostrophierte Johannes Paul II. ein. Gerade die letzten Jahre und Monate seines Lebens wirkte er als weltweit anerkannter Repräsentant des Guten in der Welt oder, wie er es nannte, der Kultur des Lebens. Man mag nicht in allem, vielleicht nur in wenigem den Einzelheiten seiner katholischen Moralvorstellungen folgen, wie es ja erwiesenermaßen die vielen jugendlichen Fans praktizieren, die bei seinem Sterben und seiner Beisetzung in Rom dabei waren. Dennoch konnte man an seiner Person ablesen, welche Bedeutung es für ein Leben als religiöses Oberhaupt haben kann, beharrlich auf die ethischen Prinzipien zu pochen. Er selbst hat es auf alle Fälle als Verpflichtung angesehen, bis zum bitteren Ende seine Aufgabe zu erfüllen. Auch ich habe manches Mal gedacht: Warum kann dieser alte, gebeugte Mann nicht zurücktreten, als er mit sichtbar letzter Kraft, gebeutelt von der Parkinsonkrankheit, seine kaum mehr verständlichen Ansprachen vom Manuskript, das er mit zittriger Hand hielt, ablas. Ist das noch ein Bild der Kirche für die Menschheit, das strahlt und glänzt? Offensichtlich war er das gerade in seiner Hinfälligkeit und Krankheit. Das Gute ist eben oft nicht stark und mächtig, sondern kommt schwach und siech daher und wirkt gerade dadurch umso stärker und mächtiger in die Welt hinein. Nicht die gar nicht vorhandenen Divisionen des Papstes sind seine Stärke, sondern sein Beispiel und die authentische Kraft seiner Worte.

Was ist dann mit der anderen Welt, die die Medien in unsere Wohnzimmer bringen? Abgesehen von den Horrorfilmen, Thrillern und Krimis? Auch die Nachrichtensendungen sind voll von Blut, Gewalt und Tod. Jeder Amoklauf eines Schülers, jede unmenschliche Behandlung von Gefangenen durch ihre Wächter entfacht von neuem die Diskussion über die Wirkung solcher Bilder, die uns überfluten. Es gab und gibt immer wieder einmal Versuche, nur »gute« Nachrichten zu senden, aber diese Experimente gingen schon bald an der Langeweile ein, die sie verbreiteten. Nur was schiefläuft, ist offenbar spannend, nur das interessiert.

Und doch: Im klassischen Krimi wird der Täter am Ende überführt. Das Gute – hier in Gestalt eines forschen Kommissars oder einer schrulligen, liebenswürdigen alten Dame oder anderer im Namen der Gerechtigkeit agierender Menschen – siegt am Ende doch. Die Art und Weise, wie dies geschieht, die Methode der Aufklärung macht den Krimi so fesselnd. Die Aufklärung des Verbrechens, das Licht, das ins Dunkel gebracht wird, die Ordnung der Gesellschaft, die wiederhergestellt wird, die verstörten zwischenmenschlichen Beziehungen, die geordnet werden, scheinen doch die Hoffnung der Menschen zu sein trotz aller gruselnder Freude, sich am riskanten Leben und Sterben anderer zu ergötzen. Offensichtlich geht es dabei um die Abwesenheit des Guten und seine Wiederherstellung, um Beseitigung von Störungen des normalen Ablaufs der Welt. Es ist wie beim Kommunikationsprozess von Mitgliedern einer Gruppe. Störungen haben immer Vorrang, heißt ein alter Grundsatz der Gruppendynamik.

Das hat sicher schon jeder einmal beobachtet: Man sitzt zum Beispiel in einem Besprechungsraum zusammen, da kommt jemand zu spät. Sofort richtet sich aller Augenmerk auf die störende Person. Die Gedanken eines jeden schweifen vielleicht nur für einen kurzen Moment vom gemeinsamen Thema ab. Dies führt zu Unaufmerksamkeit. Ist der Störer vielleicht auch noch recht umständlich und raschelt mit einer Tüte, rückt den Stuhl scharrend zurecht, packt sein Federmäppchen und die Papiere aus und legt sie etwas pedantisch auf seinem Platz zurecht, so ist die Aufmerksamkeit vollends hinüber. Manch einer ist in seinem Inneren sogar verärgert über diesen Auftritt. Ein geübter Gruppenleiter wird diese Störung zum Anlass nehmen, kurz zu unterbrechen, dem Zuspätkommenden ein aufmunterndes Wort sagen oder ihm Gelegenheit geben, sich zu entschuldigen, und zuwarten, bis wieder Ruhe eingekehrt ist. Die Störung ist benannt und damit aus der Welt.

So scheint es auch mit dem Bösen in der Welt zu sein: Es ist eine massive Störung des Guten, die benannt werden muss, damit sie bewältigt werden kann. Die Schöpfungsgeschichte der Bibel stellt die Tat Gottes zur Entstehung des Universums als ein kosmisches Kommunikationsgeschehen dar, das Ordnung in das Chaos der Urkräfte bringt. Sein bloßes Wort bringt die Welt in ihre Ordnung, die ständig vom Chaosdrachen – der auch noch in der Erzählung von der Schlange im Paradies aufscheint – bedroht wird. Das Böse ist nach diesem Mythos das Fehlen der guten Balance, der Ordnung, der Ausgewogenheit. Diese herzustellen ist Sache Gottes, und der Mensch ist berufen, dabei mitzuhelfen.

In der Sprache des Propheten Micha im Alten Testament lautet dieser Auftrag folgendermaßen: »Es ist dir gesagt worden, Mensch, was gut ist und was der Herr von dir erwartet: nichts anderes als dies: Recht tun, Güte und Treue lieben, in Ehrfurcht den Weg gehen mit deinem Gott.«

Jesus formuliert es im Doppelgebot der Liebe: »Gott, den Herrn lieben mit all seiner Kraft und den Nächsten wie sich selbst.« In der Goldenen Regel, einer durch alle Kulturen und Religionen verbreiteten Weisheit des Umgangs der Menschen miteinander, lautet die Forderung: »Alles, was ihr also von anderen erwartet, das tut auch ihnen!« Und schließlich gibt es noch im Lukasevangelium das alles überbietende Postulat Jesu, sogar die Feinde zu lieben und für die zu beten, die einen verfolgen.

Zu dem letzten Wort Jesu habe ich ein Erlebnis zu berichten: Noch in meiner Zeit als Mönch wurde ich durch einen befreundeten Gynäkologen zu einem deutschen Facharzt für Chinesische Akupunktur vermittelt. Er galt als Guru seiner Wissenschaft, und seine Sprechstunde war immer total ausgebucht. Durch Vermittlung meines Freundes bekam ich – da ich im Kloster ja sowieso ein Frühaufsteher sei – einen Behandlungstermin morgens um sechs Uhr. Ich hatte eine sehr hartnäckige Bronchitis, und der Frauenarzt meinte, ich solle zu dem Wunderarzt gehen, er selbst glaube zwar nicht daran, aber dieser habe eindeutig Erfolge aufzuweisen. Ich ging also hin. Auf dem Parkplatz vor der Praxis standen schon einige Autos mit Kennzeichen aus den unterschiedlichsten Gegenden Süddeutschlands. Schon im Eingangsbereich sah man Wandschmuck mit chinesischen Schriftzeichen und asiatischen Figuren. Im Behandlungszimmer saß die große Skulptur eines lächelnden Buddhas. Der Arzt begann mit einer ausführlichen Anamnese, ich musste ihm alle meine bisherigen Erkrankungen, an die ich mich erinnern konnte, erzählen. Am Schluss stellte er seine Diagnose, und die Therapie bestand darin, dass er mir für kurze Zeit ein paar Akupunkturnadeln setzte; ich kann mich gar nicht mehr erinnern, an welcher Stelle.

Aber er gab mir noch zwei Tipps mit auf den Weg, die für mich seither zu einem Programm geistiger Entrümpelung geworden sind: Er fragte mich, ob es jemanden in meinem klösterlichen Umfeld gebe, mit dem ich persönliche Probleme hätte. Zögerlich gab ich dies zu; welcher Ordensmann ist schon ehrlich genug, sich einzugestehen, dass er manches Mal Hass- und Rachegefühle gegen einen anderen Mönch hegt? Dr. Günther, so hieß der Arzt, fragte mich dann weiter: »Haben Sie schon einmal für diesen Menschen gebetet?« Nach kurzem Nachdenken musste ich zugeben, dass ich das nicht getan hätte. Er riet mir: »Tun Sie das, beten Sie für ihn, ja segnen Sie diesen Mitbruder ausdrücklich. Dadurch wird sich Ihre innere Einstellung zu diesem Menschen ändern, und Sie können gelöster mit ihm umgehen.« Dann riet er mir noch etwas: »Seien Sie niemals beleidigt! Denn mit einer solchen Haltung schaden Sie nur Ihrem eigenen Wohlbefinden.«

Auf der Heimfahrt im Auto wurde mir erst bewusst, wie beschämend diese Erfahrung eigentlich war: Ein Arzt, der im Laufe unserer Unterhaltung auch noch zugegeben hatte, dass er eigentlich Agnostiker sei, musste mich, einen Mönch und Priester, an diesen ganz einfachen Hinweis aus der Predigt Jesu erinnern: Liebe deine Feinde, und bete für sie. Gleichzeitig hat er mir noch aufgezeigt, dass das nicht nur ein herausfordernder ethischer Appell für Menschen ist, die nach unerreichbarer Heiligkeit streben, sondern eine ganz praktische Methode, um im alltäglichen Umgang mit anderen Menschen besser zusammenleben zu können! Der Trick dabei ist, dass ich durch eine positive Hinwendung zu einem für mich problematischen Mitmenschen meine eigene Einstellung zu ihm verändern kann. Ich ändere nicht ihn, sondern mich!

Auf dieser Linie liegt auch Benedikt von Nursia, wenn er im vierzigsten Kapitel seiner Regel, »Über das Maß des Getränkes«, ganz nebenbei eine der tiefsten Weisheiten menschlichen Miteinanders vorlegt: »Jeder hat seine Gnadengabe von Gott, der eine so, der andere so. Deshalb bestimmen wir nur mit einigen Bedenken das Maß der Nahrung für andere.« Was hier ganz konkret auf das Maßhalten in Bezug auf das Essen und Trinken angewendet wird, gilt für alle Dinge des Lebens: Man kann für andere eigentlich kein Maß festlegen. Lassen wir einmal die häufigsten Konflikte im täglichen Zusammenleben vor unserem inneren Auge Revue passieren: Ärgern wir uns denn nicht meistens über andere Menschen, weil sie sich nicht nach dem Maßstab verhalten, den wir ihnen anlegen? Unser Partner, die Kinder, die Freunde und Nachbarn, Kollegen, Chef, alle, mit denen wir zu tun haben – sie sind Menschen mit ihren jeweiligen Eigenarten. Wir versuchen sie aber nach unserem Bild, das wir von ihnen haben, zu formen. Das wird nicht gelingen. Wie viel Mühe kostet es Eltern, allmählich einzusehen, dass Kinder ihren eigenen Weg gehen und nicht unbedingt den von ihnen vorgeplanten und ausgedachten. Gutes tun heißt hier: loslassen können und den anderen so sein lassen, wie er ist. Wieder: Ich kann nicht den anderen ändern, sondern nur mich! Wenn das alle einsehen, dann gibt es einen Weg zueinander. Man kann nur dafür werben und auf diese Weisheit des Lebens aufmerksam machen, aber niemanden dazu zwingen.

Wie sieht es in anderen Religionen aus?

Für den Buddhismus mag der Dalai Lama sprechen. Er bringt seine religiöse Einstellung wie folgt auf den Punkt: »Alles Böse meiden, das Gute tun und das eigene Herz reinigen. Das ist die Lehre des Buddha.« Und weiter: »Echte Liebe hängt nicht von einer besonderen Beziehung ab, sie braucht keine persönliche Bindung. Daher muss man lernen, die Gefühle der Neigung oder Verliebtheit nicht mit wirklicher Liebe zu verwechseln. Nur zu oft schwindet mit der persönlichen Zuneigung auch die Freundlichkeit zum Mitmenschen. Man ist nur dann nett zu jemandem, solange er einem gefällt.« Oder: »Nirwana ist das letzte, schwer zu erreichende Ziel, die Einkehr in den völligen Frieden. Das darf uns nicht dazu verleiten, das Naheliegende zu vergessen, sondern soll unser Mitgefühl für andere Menschen immer größer werden lassen, um ihnen zu helfen.« (Dalai Lama, *Mitgefühl und Weisheit*, Seite 15, 63, 65)

Der Koran empfiehlt die Güte und Brüderlichkeit: »Die Gläubigen sind ja Brüder«, sie sind, Männer und Frauen, untereinander Freunde. Die Brüderlichkeit drückt sich so aus: »Vergesst die Großmut untereinander nicht« und »sprecht freundlich zu den Menschen, denn freundliche Worte und Verzeihen sind besser als ein Almosen, dem

Ungemach folgt«. Dem christlichen Gebot, Böses nicht mit Bösem zu vergelten, entspricht der Koranvers: »Nicht gleich sind die gute und die schlechte Tat. Wehre ab mit einer Tat, die besser ist, da wird der, zwischen dem und dir eine Feindschaft besteht, so, als wäre er ein warmherziger Freund.« Und auf die Spitze getrieben im Sinne einer Gesinnungsethik: »Frömmigkeit besteht nicht darin, dass ihr euer Gesicht nach Osten und Westen wendet. Frömmigkeit besteht darin, dass man an Gott, den Jüngsten Tag, die Engel, das Buch und die Propheten glaubt, dass man aus Liebe zu ihm den Verwandten, den Waisen, den Bedürftigen, dem Reisenden und den Bettlern Geld zukommen lässt und es für den Loskauf der Sklaven und Gefangenen ausgibt und dass man das Gebet verrichtet und die Abgabe entrichtet.« (Koran, Sure 2,177; 41,44)

Gerade bei den Religionen wird deutlich, dass für uns moderne Menschen die Übereinstimmung von Innen- und Außensicht wichtig ist. Die Religionen – auch das Christentum in seiner Geschichte – haben oft ihren hehren Prinzipien, die sie nach innen als Forderung des Gutseins und der gegenseitigen Liebe erhoben, im Außenverhältnis zu Andersgläubigen und Abweichlern durch gegenteiliges Handeln Hohn gesprochen. Es war für die Kirche ein mühsamer Lernprozess, der Jahrhunderte gedauert und unzählige Menschen ins Elend gestürzt hat, die Authentizität des Liebesgebots zu praktizieren.

- ENTRÜMPLE DEINEN GEIST!
- DRINGE VOR ZUM WESENTLICHEN!
- TUE GUTES UND SCHWEIGE!

- Tue Gutes, um anderen zu helfen, und nicht, um vor dir und anderen zu glänzen!
- Sei authentisch in deinem Tun und Denken!
- Segne deine Feinde! Sei niemals beleidigt!

Kapitel 15

Werde und bleibe gelassen

Lange scheint es in meiner Erinnerung zurückzuliegen: Im Juni 1980 wurde ich zusammen mit sieben anderen Kandidaten im Freisinger Dom von Joseph Ratzinger zum Priester geweiht. Er war damals Erzbischof von München und Freising. Da er nur vier Jahrgängen die Priesterweihe erteilte, ehe er als Kurienkardinal nach Rom berufen wurde, hat er den Kontakt mit uns nie abreißen lassen.

Als mir später einmal ein Mitbruder berichtete, Kardinal Ratzinger habe ihm mein Primizbildchen[12] gezeigt, das er in seinem Brevier liegen habe, hat mich das mit großem Stolz erfüllt. An jenem Weihetag gab es wie üblich nach dem Festgottesdienst mit Predigt, von der mir eigentlich nichts mehr im Gedächtnis haftengeblieben ist, einen kleinen Empfang, bei dem die Weiheurkunden verteilt wurden. Einer der Neugeweihten, unser Kurssprecher, hielt eine kleine Dankesrede an Erzbischof Ratzinger, der diese Adresse mit ein paar spontan gesprochenen Sätzen erwiderte. Das, was er da sagte, ist mir allerdings bis heute unauslöschlich in Erinnerung geblieben. Er empfahl uns für unsere priesterliche Tätigkeit eine Haltung, die er seinen geliebten Kirchenvätern abgeschaut hatte: die hilaritas, und er übersetzte gleich selbst: die heitere Gelassenheit.

Seither habe ich mich bemüht, diese hilaritas immer mehr von mir Besitz ergreifen zu lassen. Es gelang mir in den verschiedenen Phasen meines Lebens mal besser, mal schlechter, aber immer blieb es als Leitwort meiner Besinnung und Betrachtung im Fokus des inneren Auges. Die Heiterkeit ist das erste Merkmal dieser Haltung. Heiterkeit ist keine laute, lärmende Lustigkeit, sondern eine stille, von innen heraus leuchtende, eben »aufheiternde« Fröhlichkeit. Das zweite Merkmal, die Gelassenheit, hat eine doppelte Richtung: In Bezug auf uns selbst bedeutet es die Fähigkeit, loslassen zu können, nicht festhalten zu wollen, sich nicht zu verkrampfen. In Bezug auf die Dinge und Wesen um uns hat es die Bedeutung von: sein lassen können, konkret andere und anderes so sein lassen können, wie sie sind. Also: loslassen und zulassen, das sind die beiden Seiten der Gelassenheit.

Die Kirchenväter, das heißt die ersten Theologen des Christentums, haben diese Haltung von der Philosophie der griechisch-römischen Antike übernommen. Dort wird die Gelassenheit vor allem in einer Philosophenschule propagiert, die ihren Namen von einer ausgemalten Säulenhalle bekommen hat, in der sich die Anhänger trafen, der stoa poikile. Man spricht von der Stoa und den Stoikern. Vielen ist die sprichwörtliche stoische Ruhe ein Begriff, mit der man die Gelassenheit eines Menschen bezeichnet, der die verschiedenen Schicksalsschläge und seine eigenen Gemütsbewegungen mit äußerer Ruhe über sich ergehen lassen kann.

Bei der stoischen Ethik geht es vor allem darum, die Affekte, die Leidenschaften zu beherrschen. Der Affekt ist ein übermäßiger Trieb, das Übermaß rührt davon her, dass er nicht mehr von der Vernunft begleitet und beherrscht wird. Deshalb soll sich der Mensch Zeit lassen, um überlegt mit seinen Affekten umzugehen und nicht immer gleich aus der Hüfte zu schießen. Seneca, der römische Schriftsteller und Stoiker, Erzieher des Kaisers Nero und von diesem in den Selbstmord getrieben, drückt dies prägnant in einem Zusammenhang aus, der jedem Menschen geläufig ist: »Das beste Heilmittel gegen den Zorn ist die Zeit.« Die Stoiker glauben, dass es nur die Vorurteile und Anschauungen des Menschen sind, die ihm die Ruhe des Gemüts rauben. Epiktet, ein freigelassener Sklave, bringt diese Meinung in seinem *Handbüchlein der Moral* auf den Punkt: »Nicht die Dinge selbst verwirren den Menschen, sondern unsere Meinung über die Dinge. Nicht der Tod selbst ist schrecklich, erschien er doch dem Sokrates auch nicht so, sondern unsere Vorstellung vom Tod.« Der stoische Philosoph wird von der Vernunft regiert, sie macht den Menschen unabhängig, frei, sachlich und wahr. Noch heute mahnen wir einen durch eine heftige Gemütsbewegung unbeherrschten Menschen, doch »vernünftig zu sein«. Darin lebt ein Stück der stoischen Lebenskunst fort. Es geht um geistige Klarheit. Dieses Wort ist leider durch seine Verwendung als »Clearing« bei den Scientologen in Misskredit gekommen. Die falschen Vorstellungen und die Affekte verwirren den Menschen, verstellen sozusagen den klaren Blick auf das Wesentliche: Hier setzt das Programm der Entrümpelung ein.

Der Mensch ist nach der Stoa auf sein inneres Selbst verwiesen. Nur der innere Mensch und sein Verhältnis zum ewigen Gesetz sind wichtig. Damit hat der Mensch genug und ist sich auch genug, er ist autark. Die äußeren Güter und auch die äußeren physischen Übel sind ohne Belang, der philosophische Fachbegriff dafür lautet: Adiaphora (das heißt die gleichgültigen, belanglosen Dinge). Ruhm und Ruhmlosigkeit, Lust und Schmerz, Reichtum und Armut, Gesundheit und Krankheit, selbst Leben und Tod sind etwas Gleichgültiges. Nur in der Einbildung des Menschen und seinen Vorurteilen erscheinen sie als Werte oder Unwerte; der Tugendhafte verzichtet darauf, sogar auf das Leben kann er verzichten, was viele Stoiker auch getan haben.

Dabei ist ein Stoiker aber durchaus ein Mensch der Tat. Sein Weg der Tugend ist nicht die breite Straße der Bequemen, sondern der schmale Pfad der Entschlossenen. Er ist Realist und weiß, worauf es ankommt: auf das kraftvolle Zugreifen und das entschlossene Handeln. Die Philosophie besteht nicht in Worten und bloßem Theoretisieren – das werfen sie den Schülern des Aristoteles vor –, sondern im Leben und Tun. Der oben schon erwähnte Epiktet hat das sehr schön formuliert: »Du sollst nicht ständig betonen, dass du ein Philosoph bist, noch unter deinen Bekannten viel reden über Probleme, sondern tue, was sich aus deinen Einsichten ergibt. Beim Essen zum Beispiel rede nicht, wie man essen soll, sondern iss, wie es sich gehört!«

Der Stoiker ist auch ein Charaktermensch, in der sittlichen Formel »secundum naturam vivere« – in Übereinstimmung mit der Natur leben – wird dies deutlich. Eine schöne Schlussfolgerung zieht Seneca: »Sorge dafür, dass du dir selbst treu bleibst!« Eine eigenartige Folgerung wird aus diesem Grundsatz gezogen, die Mahnung zur Apathie. Die Gemütsbewegungen sind zum Schweigen zu bringen, damit der Tugendpfad und das übereinstimmende Handeln nicht gestört werden. Man lässt sich von den Leidenschaften nicht übermannen, obwohl man sie kennt und wahrnimmt. Begierde, Zorn, Furcht dürfen den Menschen nicht anrühren, aber auch nicht Mitleid und Reue. Darin unterscheidet sich die stoische Ethik von der christlichen Tugendlehre. Ein sehr schön profiliertes Bild des stoischen Weisen, der sich durch nichts aus der Ruhe bringen lässt, zeichnet wiederum Epiktet in der beispielhaften Schilderung einer alltäglichen Szene:

»Denk daran, dass du dich in deinem Leben so führen sollst, wie man sich bei einem Gastmahl benimmt. Wird etwas herumgereicht und kommt zu dir, dann strecke deine Hand mit Haltung aus, und mit Haltung nimm! Übergeht man dich, dann tadle nicht den Diener! Ist man noch nicht zu dir gekommen, dann schau nicht gierig aus, sondern warte, bis du an der Reihe bist. So verhalte dich gegenüber den Kindern, gegenüber der Frau, der Karriere, dem Reichtum. Dann bist du ein würdiger Tischgenosse der Götter. Und wenn dir einmal etwas angeboten wird und du nicht davon nimmst, sondern darüber hinwegsiehst, dann bist du nicht nur Gast der Götter, sondern Herr wie sie. Weil sie so handelten, waren Diogenes, Herkules und ihresgleichen wahrhaft göttlich und wurden so genannt.«

Nicht nur bei der Ablehnung von Reue und Mitleid, sondern auch bei dieser von Lebensnähe gezeichneten Schilderung stoischer Verhaltensweisen wird deutlich, wo der Unterschied der Apathie zur hilaritas, der heiteren Gelassenheit, liegt und warum unbedingt das Attribut »heiter« dazugehört. Der Stoiker ist ein kopfgesteuerter Mensch, er hat etwas Zwanghaftes, Verkrampftes, gar Fatalistisches an sich in seinem Bemühen um die Eudämonie, das gute, ausgeglichene Leben, das für alle antiken Ethiker der eigentliche Zweck jeglichen Philosophierens war. Er strahlt nicht Heiterkeit und Leichtigkeit aus, sondern Schwere und

Verantwortung; die Pflichterfüllung, ja das Schicksal lasten auf ihm, so wie es in den *Selbstbetrachtungen* des Kaisers Marc Aurel, geschrieben im Feldlager seiner römischen Legionen, mühsalbeladen anklingt: »Frühmorgens, wenn du mühsam erwachst, sollst du dir vorhalten: Ich wache auf, um meine Pflicht als Mensch in dieser Welt zu tun! Oder bin ich etwa geschaffen, auf dem Lager zu liegen, um mich zu wärmen? Eile zu dem, was deiner Natur entspricht!«

Das deutsche Wort »Gelassenheit« wurde zuerst von einem mittelalterlichen Denker verwendet, dem Theologen und Mystiker Meister Eckhart. Er war Dominikanermönch, Theologieprofessor in Paris, am Ende seines Lebens Prediger bei Frauenkonventen seines Ordens. Einige gewagte Aussagen in seinen deutschen und lateinischen Schriften wurden nach seinem Tod (1327 in Köln) von der Kurie in Avignon verurteilt. Die Bezeichnung Mystiker deutet darauf hin, dass es ihm eher um Gotteserfahrung als um denkerische Bemühung in Bezug auf Gott geht, obwohl alle seine Texte ein ständiges Kreisen um die Fragen darstellen, was Gott ist beziehungsweise nicht ist und wie der Mensch mit ihm eins werden kann. Für diese Annäherung des Menschen an Gott wird für Eckhart der Begriff der Gelassenheit oder, wie er altertümlich auch sagt, der »Abgeschiedenheit« wichtig. Wenn es dem Menschen gelingt, sich und die Welt zu lassen, sich davon »abzuscheiden«, dann wird er »ledig und frei und ungebunden«, er verliert die Fixierung, die Anhänglichkeit, das Aus- und Benutzungsverhältnis sowohl den Dingen, den Ideen, der Mitwelt, den Mitmenschen, ja sogar Gott gegenüber. Zu lassen ist auch das Festhalten an sich selbst, darin liegt die Wurzel für alles An-sich-Binden. Nur in dem Maße, wie sich der Mensch auf Gott, von dem er sich getragen weiß, verlässt, wird er fähig, einem jeden Gegenüber in Freiheit und im Freilassen zu begegnen. Moderne Philosophen wie Karl Jaspers und Martin Heidegger haben diesen Gedanken aufgenommen und darauf hingewiesen, dass sich Gelassenheit aus dem Wesen des Denkens selbst ergibt. Besonders für das wissenschaftliche Denken und das Verhältnis des technisch orientierten Menschen »zu den Dingen« erlangt die Gelassenheit eine ganz neue Bedeutung.

Für viele Menschen wird die Notwendigkeit der Gelassenheit im Sinne des Loslassenkönnens im Bereich der Kindererziehung erfahrbar. Hier bildet sie das Geheimnis einer gelingenden Erziehung. Aufgabe der Eltern ist eigentlich ein Loslassen und Zulassen. Vom ersten Augenblick der Geburt an beginnt ein Trennungsprozess – das dokumentiert sich in der Durchtrennung der Nabelschnur und mündet darin, von Zuhause auszuziehen und eine Partnerschaft einzugehen oder eine eigene Familie zu gründen. Zu erkennen, dass die Aufgabe von Vater und Mutter darin besteht, dem Nachwuchs die Schritte zur Selbständigkeit beizubringen und ihn an der langen Leine in die Freiheit gehen zu lassen, ist nicht leicht und oft mit Schmerzen verbunden, vor allem wenn ganz detaillierte Vorstellungen von der Zukunft der Kinder von diesen in den Wind geschlagen werden. Aber wenn wir das Projekt der Moderne ernst nehmen, das da heißt, Ermöglichung der individuellen Freiheit und Erziehung als Befähigung dazu, zu verstehen, führt kein Weg an diesem schmerzvollen Lernprozess auch für Eltern vorbei.

Bisher haben wir hauptsächlich von der Kunst des Loslassens gesprochen. Für die hohe Kunst des Zulassens hat mich seit meinem Studium ein Text Romano Guardinis, des großen katholischen Schriftstellers des zwanzigsten Jahrhunderts, begleitet. In seinen Meditationen über *Gestalten sittlichen Lebens,* denen er den Haupttitel *Tugenden* gegeben hat, behandelt er in dem Abschnitt »Annahme« den Themenbereich, um den es im Folgenden gehen soll. Auf die Frage nach der wichtigsten Grundhaltung für die Gestaltung des eigenen Lebens antwortet er: »Es ist die Annahme dessen, was ist; die Annahme der Wirklichkeit; deiner eigenen, der der Menschen um dich her, der Zeit, in der du lebst.« Dieses Annehmen könnte missinterpretiert werden als eine Gesinnung der Bequemlichkeit, die zu Passivität führt. Aber es handelt sich nicht um ein schwächliches Über-sich-ergehen-Lassen, sondern um den klaren Blick auf die Wahrheit und um die Bemühung um diese. Im Vergleich mit dem Tier wird erst richtig deutlich, dass dieses entschlossene Annehmen zum Wesen des Menschen gehört. Für das Tier gibt es die Frage gar nicht, es ist, wie es ist; wir sagen: Es ist natürlich. Der Mensch kann aber von sich selbst Abstand nehmen und über sich nachdenken, er ist fähig zur Reflexion. Er kann sich deshalb auch eine Phantasiewelt aufbauen, in der er an der Realität vorbeilebt. Aus diesem Grund ist es wichtig, das Dasein anzunehmen, wie es ist.

Zuerst muss man sich selbst annehmen, wie man ist, mit seinen Stärken und seinen Schwächen. Das heißt nicht, dass man an sich alles sein lassen soll, wie es ist. Jeder soll an sich und seiner »Lebensgestalt arbeiten, formen, bessern – aber zuerst zu dem, was ist, ja sagen, sonst wird alles unecht.« Das bedeutet nun wieder nicht, dass man das Schlechte, das man an sich feststellt, gut nennen soll, aber jede Arbeit an sich selbst ruht auf der Voraussetzung, dass man zuerst erkennt, was ist.

Dann muss jeder die Lebenslage annehmen, wie er sie vorfindet. Man kann sicherlich vieles an ihr ändern und verbessern, aber die Grundstimmung des eigenen Lebens bleibt, seit den Kindertagen tragen wir sie mit uns. Man muss sich der Gegenwart stellen und sich nicht wie der Romantiker in die Vergangenheit oder der Utopist in die Zukunft flüchten.

Einen Schritt weiter führt die Annahme des Schicksals. Dieses ist nicht Zufall, es wird sowohl durch die äußeren Umstände als auch das Wesen des jeweiligen Menschen bestimmt. Jedem Einzelnen ist mit seiner Veranlagung ein Vorentwurf seines Schicksals zugewiesen. Deshalb kommt es darauf an, es anzunehmen, »um dann umso entschiedener an seiner Lenkung und Formung zu arbeiten«. Wie der Soziologe Ulrich Beck schreibt, empfindet der heutige Mensch sein Leben als riskant, es ist voller Unsicherheit. Deshalb betitelt er sein Buch, in dem er ein Bild unserer Gesellschaft entwirft: *Die Risikogesellschaft*. Gegen alle möglichen Gefahren und Risiken wollen wir uns absichern. Guardini hält dagegen: »Gegen das Leben selbst kann man sich nicht versichern, sondern muss es annehmen mit alledem, was in ihm an Großem und an Kleinem, an Möglichkeiten des Unheils und solchen des Glücks liegt.« Friedrich Nietzsche zitiert in seiner späten Schrift *Ecce Homo* den heidnisch-skeptischen Begriff des amor fati, der Liebe zum eigenen Schicksal. Für den religiösen Menschen ist es die Bejahung des von der eigenen Natur entworfenen Weges im Vertrauen auf die Vorsehung Gottes.

Ein letzter Schritt für Guardinis Weg der Selbstannahme ist das Einverständnis mit der Tatsache, »überhaupt zu sein«. Solange es einem gutgeht, mag diese Behauptung sonderbar klingen. Aber in den Momenten des Unglücks, des Misslingens, der Melancholie »öffnet sich ein Riss zwischen mir und mir selbst«. Der Vorwurf der existenzialistischen Philosophie des zwanzigsten Jahrhunderts, wie sie Jean-Paul Sartre pointiert formuliert hat, tritt uns entgegen mit der Feststellung: Ich habe ja nicht vor der Möglichkeit meiner eigenen Existenz gestanden und mich entschieden, ich wolle sein, sondern bin ins Dasein geworfen worden. Ich bin nicht gefragt worden. Ich habe nicht sein wollen. Warum muss ich? »Das Geschehnis der Geburt hat zu mir gesprochen; nun bist du. So lebe dich denn!« (Zitiert nach Guardini, *Tugenden*, Seite 36.)

Es wird deutlich, dass es eine in der Tiefe der Existenz zu vollziehende Tat ist, das Dasein anzunehmen, es zuzulassen. Religion und Glaube erweisen gerade angesichts dieser existenzialistischen Frage ihre für die Lebenskunst hilfreiche Funktion. Auf die Frage: »Von wem haben wir denn das Leben empfangen?« gibt es für einen gläubigen Menschen endgültig nur die Antwort: von Gott. Die Tatsache, dass ich trotzdem ungefragt ins Leben gestellt wurde, kann nur mit dem Bild eines seine Schöpfung liebenden Gottes sinnvoll erklärt werden. Das Christentum geht noch einen Schritt weiter und erzählt vom Leben Jesu als des in diese Welt selbst eingetretenen Gottes, der selbst das Schicksal eines Menschen auf sich genommen und sich dadurch mit dem in die Existenz geworfenen Menschen samt allen Unwägbarkeiten solidarisch gezeigt hat.

Der Glaube zeigt sich hier wieder von seiner personalen Seite: Er ist zuallererst einmal Vertrauen. Vertrauen in einen Gott, der den Menschen trägt und hält. Nur wenn Vertrauen zwischen Personen vorhanden ist, kann die Haltung der

Annahme greifen, dann nehme ich an, was mir einer sagt oder wozu er mich anweist.

Die hilaritas, die heitere Gelassenheit, ermöglicht mir eine grundsätzliche Annahme dessen, was ist. Sie befähigt mich, von mir selbst loszulassen und andere so sein zu lassen, wie ihr eigener Lebensentwurf es ihnen abverlangt. Die Heiterkeit befähigt zu dem nötigen Humor, das Unveränderliche auch stehenlassen zu können.

Das bekannte Gedicht »Stufen« von Hermann Hesse enthält die dazu passenden Verse:

Wir sollen heiter Raum um Raum durchschreiten,
an keinem wie an einer Heimat hängen,
der Weltgeist will nicht fesseln uns und engen,
er will uns Stuf' um Stufe heben, weiten.

- Entrümple deinen Geist!
- Dringe vor zum Wesentlichen!
- Werde und bleibe gelassen!
- Bejahe das, was ist! Nimm die Wirklichkeit an!
- Bleib dir selbst treu!
- Durchschreite in Heiterkeit die Räume und Zeiten!

KAPITEL 16

Entscheide dich in Freiheit

Gerade eine der größten Erfahrungen des Menschen scheint in der allmählichen Errungenschaft der individuellen Freiheit zu bestehen. In früheren Zeiten waren wir eingebunden in vielfältige Kollektive: die Großfamilie, die Sippe, den Stamm, das Dorf, die Nachbarschaft, die religiöse Gemeinschaft, den Stand, die Herrschaft. Die Liste lässt sich je nach geschichtlicher Epoche und geographischer Lage verändern und erweitern. Es gab immer schon einen Kampf um Freiheiten, nur waren dies in der Vergangenheit die Freiheiten eines bestimmten Kollektivs gegenüber anderen vor- oder beigeordneten Organisationen: Die Plebejer im alten Rom kämpften gegen die Adeligen; der Adel in England errang im zwölften Jahrhundert die »Charter of Liberties« vom englischen König; die Einwohner einer Bischofsstadt erstritten sich vom Kirchen- und Stadtherren ihre bürgerlichen Privilegien, die ja nichts anderes waren als Freiheiten von bestimmten Auflagen. Erst mit der Aufklärung und der daraus resultierenden Französischen Revolution ist die Freiheit des Einzelnen auch gegenüber dem ihn bis dahin bergenden und schützenden Kollektiv zu dem prägenden Leitbild der Moderne geworden. Wer könnte sich heute noch vorstellen, dass er, eingebunden in eine städtische Zunft, nicht frei darüber entscheiden kann, welchen Beruf und welchen Wohnort er wählen will?

Wilhelm Schmid, Autor der *Philosophie der Lebenskunst,* zählt fünf Arten der Freiheit auf, die uns heutigen Menschen wichtig sind:

- *die religiöse Freiheit, die uns ermöglicht, unsere Religionszugehörigkeit frei zu wählen oder auch gar kein Bekenntnis zu haben*
- *die politische Freiheit, die sich vor allem in den demokratischen Systemen durch die freien Wahlen manifestiert*
- *die Freiheit vom Naturzwang, die durch wissenschaftliche Forschung und Technologie ermöglicht wird*
- *die wirtschaftliche Freiheit, die jedem Einzelnen ohne Beschränkungen ermöglicht, mit seinem Vermögen zu tun, was ihm gutdünkt*
- *die gesellschaftliche Freiheit, die eine freie, offene und durchlässige Gesellschaft kennt*

Diese Freiheiten haben wir modernen Menschen errungen gegenüber Gott, der Gemeinschaft und der Natur. Dies gilt natürlich nicht für alle Menschen gleichzeitig auf unserem Planeten. In anderen Kulturen werden die Bindungen, die auch die Europäer vor der Aufklärung bestimmt haben, hochgeschätzt, wenn sie sicher auch oft genug als fremdbestimmend empfunden werden. Sie bieten zugleich ein Gefühl von Beheimatung und Eingebundensein in ein gesellschaftliches Ordnungsgefüge. Wir Menschen der Kultur der Moderne können nicht hinter diesen Riesenschritt zurück, den die geschichtliche Entwicklung unserer Gesellschaften durch den Prozess, den wir Deutschen Aufklärung, andere europäische Völker Erhellung oder Erleuchtung nennen, genommen hat. Ob es uns bewusst ist oder nicht, ob wir es wollen oder nicht, dieses aufgeklärte Denken prägt unsere Grundeinstellung seit mehr als zweihundert Jahren. Gerade auch diejenigen, die sich nach den alten Zeiten zurücksehnen, tun dies in Freiheit, sie benutzen das, wogegen sie kämpfen, um ihr Recht auf freie Lebensgestaltung einzufordern. Diese Strömung des europäischen Geistes wurde exemplarisch von dem großen Königsberger Philosophen Immanuel Kant in seinem berühmten Aufsatz »Was ist Aufklärung?« beschrieben. Hier ein Auszug daraus:

»Aufklärung ist der Ausgang des Menschen aus seiner selbstverschuldeten Unmündigkeit. Unmündigkeit ist das Unvermögen, sich seines Verstandes ohne Leitung eines anderen zu bedienen. Selbstverschuldet ist diese Unmündigkeit, wenn die Ursache derselben nicht am Mangel des Verstandes, sondern der Entschließung und des Mutes liegt, sich seiner ohne Leitung eines anderen zu bedienen. ›Sapere aude! Habe Mut, dich deines eigenen Verstandes zu bedienen!‹, ist also der Wahlspruch der Aufklärung.

Zu dieser Aufklärung aber wird nichts anderes erfordert als Freiheit; und zwar die unschädlichste unter allem, was nur Freiheit heißen mag, nämlich die: von seiner Vernunft in allen Stücken öffentlichen Gebrauch zu machen.«

Durch die ungeheuren Möglichkeiten der wissenschaftlichen und technischen Entwicklung der vergangenen zwei Jahrhunderte erfahren wir aber zunehmend, wie schwierig es ist, die gewonnene Freiheit auch zu nutzen. Freiheit drückt sich gerade darin aus, zwischen verschiedenen Möglichkeiten, das heißt Alternativen wählen zu können. Aber ist mit diesen Wahlmöglichkeiten auch die Fähigkeit zur Wahl mit gewachsen? Wir empfinden die Tatsache, dass wir in Freiheit aus verschiedenen Möglichkeiten wählen können, oft genug als einen Zwang zur Wahl. Nehmen wir nur ein ganz alltägliches Beispiel aus der Erfahrung der Einkaufswelt: Wir stehen im Supermarkt vor einem Regal mit Joghurt und müssen entscheiden, welchen wählen wir? Auch wenn wir uns auf eine bestimmte Sorte festgelegt haben, wurde dieser Wahlvorgang schon früher einmal ausgeübt. Das Dilemma des Wählenmüssens bleibt bestehen, es wird nur zeitlich verschoben. Wenn eine Hausfrau oder Mutter einen Mann und zwei Kinder mit je eigenem Joghurtgeschmack zufriedenstellen muss, erfährt sie die Qual der Wahl noch verstärkt. Die Menschen, hier nennt man sie Kunden oder Konsumenten, behelfen sich, um aus dem zweiten Dilemma der Wahl, nämlich der Notwendigkeit von Entscheidungskriterien, die gefunden werden müssen, heute meistens durch eine ästhetische Wahl: Man nimmt den Joghurtbecher, der einem am besten gefällt, den Joghurt, der einen bestimmten Geschmack aufweist. Welche anderen Möglichkeiten, um eine Entscheidung herbeizuführen, haben wir schon? Es sei denn, wir sind Lebensmittelchemiker, die die genaue Zusammensetzung kennen. Diese sind dann aber vor anderen Regalen in einer ähnlichen Situation.

Ist uns eigentlich bewusst, wie viele Entscheidungen wir aufgrund dieser Ästhetisierung unserer Umwelt fällen? Autos werden nach dem Design gekauft, nach der PS-Zahl oder dem Familienkomfort. Wir gaukeln uns selbst ökonomische Kriterien des Preisvergleiches vor. Können wir aber wirklich die verschiedenen Konditionen miteinander vergleichen? Am Ende ist es eine ästhetische Entscheidung. In einer Zeit, da vorrangig die Primärbedürfnisse des Lebens befriedigt werden mussten wie Essen, Trinken, Sicherheit,

Wärme, war die Ästhetik nur ein sehr nachrangiges Kriterium der Wahl. Da ging es um das nackte Überleben, jetzt geht es um das Erleben, das schöne Leben. Wir suchen den Kick bei einem Einkauf, das Erlebnis eines Konsumgutes, und wollen nicht mehr einfach nur den Hunger stillen oder uns durch ein Kleidungsstück im Winter wärmen.

Dies führt uns schon zum dritten Dilemma, in dem wir bei der Wahlfreiheit stecken: dem Ausschluss des Nichtgewählten. Entscheiden wir uns für eines, lassen wir die vielen anderen Möglichkeiten beiseite. Diese Erfahrung schränkt ganz massiv die Freude an der Wahl ein. Don Giovanni, der Held in Mozarts gleichnamiger Oper, drückt es auf seine Weise aus: »Einer treu sein hieße alle anderen betrügen.« Er möchte alle seine Wahlmöglichkeiten nützen; wohin dieses Dilemma führt, zeigt sein schreckliches Ende auf der Bühne. Das ist die Moral von der Geschichte des Mannes, der sich alle Möglichkeiten offenhalten will.

Dieses dreifache Dilemma weckt bei vielen Menschen den Eindruck, dass man eigentlich doch keine Wahlfreiheit besitzt. Der Rückgang der Wahlbeteiligung bei den demokratischen Wahlen ist dafür nur ein Indiz, wenn auch ein alarmierendes. Der Ruf nach dem starken Mann, der einem die Qual der Wahl abnimmt, wird dann wieder schnell erhoben. Wilhelm Schmid beschreibt es in seiner *Philosophie der Lebenskunst* folgendermaßen: »Kulturen, die sich gegen die Moderne stellen, gewinnen an Attraktivität, denn sie versprechen, die Menschen vor den Problemen der Wahl zu bewahren, einen Schutzraum der Religion, Tradition und Gemeinschaft aufrechtzuerhalten, in dem die Strukturen so festgefügt sind, dass die individuelle Wahl sich in engen Grenzen hält.«

Was gibt es nun für Möglichkeiten, vielleicht sogar für Techniken, um aus diesem Dilemma herauszukommen? Wie wollen wir die Wahlfreiheit bewahren und doch zugleich das Richtige tun?

Es gibt schon seit der Antike verschiedene Methoden, etwa um bei der Wahl des rechten Lebensweges die richtige Entscheidung zu treffen. Die Konsumentscheidungen waren früher noch nicht so bedrängend wie heute, auch die Wahl des Lebenspartners und des Berufes wurde von den sozialen Beziehungsnetzen wie der Familie oder der jeweiligen Standesorganisation abgenommen. Und doch brauchte der Mensch Hilfen bei seinen Entscheidungen, die nicht mehr nur von der Frage des blanken Überlebens beantwortet werden konnten. Fragt man nach bei dem Nestor allen Philosophierens, bei Sokrates, so sieht man, dass es bei seiner Weisheitsliebe vorrangig um eine rational zu verantwortende Ethik geht, also um Hilfen, den Ethos, die gute »Gewohnheit« optimal für die Gestaltung des eigenen Lebens einzusetzen, aber auch zu hinterfragen, wenn sie denn »fragwürdig« geworden scheint. Alle seine Schüler und Nachfolger haben je eigene Methoden entwickelt, um diese Wahlmöglichkeiten in persönlicher Freiheit und doch gebunden an ein Wertesystem ausüben zu können.

Auch die ersten Christen haben gemäß der Lehre Jesu ein solches Wertesystem als Hilfe zur Wahl entwickelt. Das Christentum selbst stellte ja schon eine Wahlmöglichkeit dar, eine Neuerung für die Welt der antiken Religion. Dort gehörte man ja durch bloße Geburt und Zugehörigkeit zur Polis, zur Bürgerschaft, automatisch der offiziellen Kultgemeinschaft an. Erst das Christentum als übernationale Religion machte es notwendig, dass man sich in Freiheit für diese Glaubensgemeinschaft entschied. Innerhalb der christlichen Gemeinschaft, die sich nach dem Prinzip der »koinonia«, dem Netzwerk lokaler Gemeinden, organisierte, gab es aber auch Menschen, die den neuen Glauben ausschließlich zu ihrem Lebensinhalt machen wollten. Ihnen ging es darum, die Halbentschlossenen der Masseneintritte in die Kirche, die nach der Anerkennung durch das Römische Reich stattfanden, in Rigorosität und Radikalität ihrer Entscheidung zu übertreffen. Sie bildeten die Bewegung des Mönchtums.

Die Mönche, frei von Bindungen an Familie, Besitz und Karrieredenken in Gesellschaft und Kirche, stellten schon die Weiterentwicklung einer anfänglichen Asketenbewegung dar. Das Wort Askese ist abgeleitet vom griechischen »askeo« und bedeutet ursprünglich »üben« beziehungsweise »Übung«. In der antiken Welt wird damit anfangs die Vorbereitung der Athleten auf die Kampfspiele bezeichnet, also das, was wir heute mit dem englischen Lehnwort »Training« ausdrücken. Schließlich wurde der Begriff übertragen auf die Übung, ein tugendhaftes Leben zu führen und gegen Laster und Untugenden zu kämpfen – so bei den stoischen Philosophen und auch beim Apostel Paulus. In der christlichen und hier vor allem klösterlichen Frömmigkeitsgeschichte wurde mit dem Wort Askese vor allem der Verzicht betont. Ich glaube, dass es in der Entwicklung seiner Bedeutung deshalb einen oft moralinsauren Beigeschmack angenommen hat, weil man das Eigentliche, nämlich die Ermöglichung der Zuwendung zu positiven Haltungen durch Befreiung von Bindungen und die Freiheit der positiven Wahl, die damit verbunden war, übersehen und zunehmend vergessen hat.

Askese, als Training für das Gute verstanden, hat etwas mit der modernen Form der Prioritätenfindung und Prioritätensetzung zu tun. Konzentration auf das Wesentliche könnte man es auch bezeichnen oder in unserem aktuellen Zusammenhang Herausarbeiten der wichtigsten Wahlkriterien. Mir wurde dieser Zusammenhang erst bewusst, als ich ein paar Kurse in Zeitmanagement mitgemacht hatte. Dort wurde uns die Zeit als das knappste Gut des Menschen vorgestellt. Sie ist endlich und muss deshalb sinnvoll verwendet werden. »Time is money«, sagen die Angelsachsen. Deshalb hat man gerade im Bereich der Wirtschaft versucht, effektive Methoden zu entwickeln, um Zeit zu sparen und die wichtigen Dinge zuerst oder gar ausschließlich zu tun. Dafür gibt es zwei in der Managementliteratur berühmt gewordene Prinzipien: das Eisenhower-Prinzip und das Pareto-Prinzip.

Pareto war ein italienischer Soziologe an der Wende zum zwanzigsten Jahrhundert und entdeckte die in vielen Bereichen festzustellende reziproke Verhältnismäßigkeit von achtzig zu zwanzig. Auf unser Problem angewandt heißt dies: Durch richtige Prioritätensetzung gelingt es uns, in zwanzig Prozent unserer Zeit achtzig Prozent unserer wirklich wichtigen Arbeit zu erledigen. Die Prioritätenfindung erfolgt nun nach dem Eisenhower-Prinzip. Dieses besagt, dass man seine Aufgaben durch ein Koordinatensystem, das von den beiden Achsen »dringend« (zeitlich vorrangig) und »wichtig« (inhaltlich vorrangig) bestimmt wird, priorisieren kann. So ergeben sich dann vier Kategorien: Eine Aufgabe ist dringend und wichtig und erhält die Priorität A; die zweite Kategorie B wird beschrieben als dringend und nicht wichtig; die Kategorie C als wichtig und nicht dringend; schließlich ist die Kategorie D bestimmt mit den Attributen nicht dringend und nicht wichtig. Fertigt man nun nach diesem Prinzip eine Graphik an, etwa ein Quadrat mit vier Feldern, so kann man statt der Kategorie D einen Papierkorb zeichnen; was das bedeutet, braucht man nicht erst zu erklären: Diese Aufgaben sollen dort landen. Prüfen wir nun selbst unsere Aufgaben oder, wie man heute sagt, unsere »To-Dos«, zum Beispiel die Post, die auf Erledigung wartet: Bei konsequenter Anwendung des Eisenhower-Prinzips werden wir selbst feststellen, dass wir gemäß dem Pareto-Prinzip circa achtzig Prozent unserer Post beziehungsweise unserer E-Mails in den Papierkorb werfen können.

Die Freiheit des einzelnen Menschen besteht gemäß der Überschrift dieses Kapitels in der je eigenen Festlegung, was für ihn dringend und wichtig ist; hier wird jeder andere Wertmaßstäbe ansetzen. Nur: Um nicht unterzugehen in der Fülle der auf uns einstürmenden Aufgaben, Entscheidungen, Möglichkeiten, Arbeiten und wie die Anforderungen noch alle heißen mögen, bleibt uns nichts anderes übrig, als zu wählen, nach den selbst festzulegenden Kategorien auszuwählen. Vielleicht hilft hier noch das klassische platonische Philosophem, das besagt, dass der Geist beziehungsweise die Seele höherwertig ist als der Körper. Heute wird man bei dieser Feststellung etwas zurückzucken, weil diese Haltung dafür verantwortlich ist, dass das Christentum, das diese Sicht des Menschen aufgenommen hat, fälschlicherweise immer als körperfeindlich eingestuft wird. Plato nimmt seine Wertskala aus der Erfahrung, dass das Denken den Körper in seinen willkürlichen Handlungen bestimmt. Die ewigen Ideen sind die Leitsterne der Seele. Deshalb hat das Geistige, Immaterielle, Vorrang vor dem Körperlichen, Materiellen. Das heißt, es hat eine höhere Priorität im Wertemaßstab für unsere Entscheidungen.

Bei Johannes Hirschberger, Autor des Buches *Geschichte der Philosophie*, hört sich das folgendermaßen an: »Die Menschen wollen alle glücklich sein. Aber sie suchen das Glück immer an der verkehrten Stelle. Die einen suchen es dort, wonach die naturhafte Begierde verlangt, also im Reichtum, im Wohlstand, in der Lust und Leidenschaft. Aber das ist nie wahres Glück. Menschen dieser Art sind nie zu befriedigen; sie verschmachten vor Begierde, weil sie Sklaven ihrer Leidenschaft sind und so ihre eigenen Kerkermeister werden. Andere glauben, durch den Ehrgeiz und das Machtstreben glücklich werden zu können. Sie sind etwas besser als die Erstgenannten. Allein was erreicht wird, ist im besten Fall ein ehrenwerter Soldat oder guter Sportler, oft genug auch nur ein Streber und Karrieremacher. Das wahre Glück liegt nur dort, wo die Wahrheit und die Werte selbst erschaut und realisiert werden. Stolz und Ehrgefühl sind schlechte Berater, noch schlechtere aber die Begierden. Nur die kühle Vernunft gewährleistet das echte Glück, weil nur sie den Weg der Wahrheit geht. Das Ganze ist ein Ethos der Sachlichkeit, Wahrheit und Richtigkeit. Lust und Leidenschaft sind ebenso ausgeschlossen wie Ehrgeiz und Stolz. Das sind lauter blinde Führer. Die subjektive Willkür mit ihrem Mehrhabenwollen hat zu schweigen. Es gilt das Motto ›Das Seinige tun‹.«

Nach dieser platonischen Betrachtung besteht Glück also darin, die richtigen Entscheidungen zu fällen, die wahren Prioritäten des Lebens zu wählen. Die Wahlkategorien sind verschieden, es ist aber zu beachten, dass für Menschen im Überfluss das Geistige Vorrang vor dem Materiellen haben sollte. Fragt man einen gestressten Manager, was für ihn die höchste Form von Luxus ist, wird er wahrscheinlich antworten: mehr Zeit haben. Fragt man einen Hartz-IV-Empfänger, wird er genau das Gegenteil für Luxus halten. Für Menschen, bei denen es zunächst um das bloße Überleben geht, kommt nach Bertolt Brecht zuerst das Fressen und dann die Moral. Dennoch habe ich den Eindruck, dass gerade Menschen aus Schichten und Kulturen, die nicht im Wohlstand leben, oft eine höhere Moral aufweisen als wir, denen es gutgeht und die wir mit der oben schon geschilderten Ästhetisierung unserer Lebenswelt beschäftigt sind.

Hans Magnus Enzensberger hat in einem bemerkenswerten *Spiegel*-Essay vor einigen Jahren auf die wahren Luxusgüter des modernen Menschen hingewiesen: Sie könnten auch bei einem Prioritätenkatalog als Entscheidungshilfen dienen.

Darin äußert er seine Vermutung, dass es ganz andere Prioritäten sein werden, die zukünftig unser Wertesystem bestimmen. Knapp, selten, teuer und begehrenswert seien im Zeichen des wuchernden Konsums nicht schnelle Automobile und goldene Armbanduhren, Champagnerkisten und Parfüms, sondern elementare Lebensvoraussetzungen wie Ruhe, gutes Wasser und genügend Platz. »Der Luxus der Zukunft verabschiedet sich vom Überflüssigen und strebt nach dem Notwendigen.« Die notwendigen Dinge sind seiner Meinung nach die Zeit, die gerade die Funktionseliten am wenigsten frei zur Verfügung haben. Als Zweites die Aufmerksamkeit, ein knappes Gut, um dessen Verteilung sämtliche Medien erbittert kämpfen. »Unter dem Gerangel von Geld und Politik, Sport und Kunst,

Technik und Werbung bleibt wenig von ihr übrig. Nur wer sich diesen Zumutungen entzieht und das Rauschen der Kanäle abschaltet, kann selbst darüber entscheiden, was Aufmerksamkeit verdient und was nicht.«

Ein drittes Luxusgut unserer Zeit ist für Enzensberger der Raum. Das Moment, an dem dies sichtbar wird, ist auch im übertragenen Sinn der Stau. Ablesbar an den steigenden Mieten, den überfüllten Verkehrsmitteln und dem Gedrängel in den Fußgängerzonen, Freibädern, Diskotheken und Tourismusressorts. Wir erkennen eine Verdichtung der Lebensverhältnisse, die fast an Freiheitsberaubung grenzt. Ein viertes Element des wahren Luxus ist die Ruhe. Wohnungen kosten in der Regel umso mehr, je ruhiger sie liegen. In der immer lauter werdenden Welt um uns herum ist Stille ein seltenes Erlebnis geworden.

Die Umwelt benennt Enzensberger als den fünften Bereich, der zu den Luxusgütern der Gegenwart und Zukunft gehört. Auch hier merken wir es an den höheren Preisen für Lebensmittel, die nicht vergiftet sind. Als das prekärste aller Luxusgüter wird sechstens die Sicherheit aufgezählt. Leibwächter, Sicherheitsdienst, Alarmanlagen – alles, was Sicherheit verspricht, gehört heute schon zum Lebenszuschnitt der Privilegierten. Wer sich in den Vierteln der Reichen umsieht, der ahnt bereits, dass der Luxus der Zukunft kein reines Vergnügen verspricht. Er wird nicht nur Freiheiten, sondern auch Zwänge mit sich führen. Derjenige, der sich in Sicherheit bringen will, schließt nicht nur die anderen aus, sondern auch sich selber ein. Enzensbergers Resümee: »Alles in allem laufen diese Mutmaßungen auf eine Kehrtwendung hinaus, die reich an Ironien ist. Wenn sie etwas für sich haben, dann liegt die Zukunft des Luxus nicht wie bisher in der Vermehrung, sondern in der Verminderung, nicht in der Anhäufung, sondern in der Vermeidung. Der Überfluss tritt in ein neues Stadium ein, indem er sich negiert. Die Antwort auf das Paradox wäre dann ein weiteres Paradox: Minimalismus könnte sich dann als ebenso aufwendig und begehrt erweisen wie einst die ostentative Verschwendung.«

Was der Zeitkritiker Hans Magnus Enzensberger in seinem Aufsatz als Luxusgüter unserer Zeit bezeichnet, würde ich ganz im Sinn der klassischen Askese ohne Mühe als Einüben des rechten Umgangs mit den wahren Werten ansehen. Es geht um die wirklich wichtigen Prioritäten, die das Leben des Einzelnen, aber auch die Gesellschaft, in der wir uns bewegen, bestimmen können sollen und werden. Wenn ich an mein Leben im Kloster zurückdenke, sind es gerade diese Werte, die – natürlich in Verbindung mit dem obersten Wert, der Suche nach Gott – das Leben eines Mönches begleitet haben: Zeit, Stille, Raum, Aufmerksamkeit, Umwelt und Sicherheit. Sicher in einer Form, die mir zunehmend weniger passend erschien, weil ich immer mehr das Charakteristikum der Moderne, die individuelle Freiheit, als einen mir stetig wichtiger werdenden Wert erfahren habe. Aber im Grunde geht es auch heute in meinem Leben um nicht viel anderes:

- *Zeit haben für sich selbst*
- *einen Raum schaffen, in dem ich mich wohl fühle und atmen kann*
- *Aufmerksamkeit und Achtsamkeit erfahren und anderen schenken*
- *den Lärm abschalten und die nötige Ruhe finden*

- *ein erfülltes und gesundes Leben führen*
- *Absicherung gegen Risiken in Gegenwart und Zukunft*

Ich glaube, dass es sich nicht nur um Luxusgüter handelt, die nur privilegierten Menschen zur Verfügung stehen, sondern um Güter des Lebens, die jedem Menschen erstrebenswert und auch erreichbar sein müssen. Anders lässt sich ein entschiedenes Leben in Freiheit nicht verwirklichen.

- ◈ ENTRÜMPLE DEINEN GEIST!
- ◈ DRINGE VOR ZUM WESENTLICHEN!
- ◈ ENTSCHEIDE DICH IN FREIHEIT!
- ◈ HABE MUT, DICH DEINES EIGENEN VERSTANDES ZU BEDIENEN!
- ◈ BEWAHRE DIR DIE FREIHEIT DER WAHL!
- ◈ SETZE DEINE PRIORITÄTEN GEMÄSS DEINEN ETHISCHEN PRINZIPIEN!

KAPITEL 17

Genieße das Glück der verlorenen Stunde

Regelmäßig höre ich die zweifelnde Frage bei den Diskussionen nach meinen Vorträgen: »Was ist das denn, eine verlorene Stunde?« Den Ausdruck habe ich von meinem ersten Zeitmanagement-Seminar, das ich besucht habe, mitgebracht. Zu Beginn meiner Tätigkeit als Cellerar machte mir mein »Lehrmeister«, unser damaliger Brauereidirektor, bewusst, dass es wohl kaum sinnvoll sei, irgendwelche betriebswirtschaftlichen Studien nachzuholen oder mir detailliertes Fachwissen über Brauereitechnologie anzueignen. Ich solle mich vor allem auf meine Aufgabe als Führungskraft konzentrieren. Er machte mich deshalb auf ein sogenanntes Führungsnachwuchstraining aufmerksam, das bei der IHK angeboten wurde. Dort habe ich dann in Theorie, aber mehr noch in praktischen Übungen einen Grundkurs in Führungsmethoden und Führungsverhalten mitgemacht, dessen Inhalte eigentlich unmittelbar praktisch anwendbar waren.

Nach kurzer Zeit merkte ich aber: Wenn ich all diese Dinge, die ich da gelernt hatte, gleichermaßen anwenden wollte, kam ich in Zeitnot und dadurch in Stress. In Stresssituationen reagiert jeder Mensch anders, ich persönlich neige dann – man glaubt es kaum – zu cholerischen Ausbrüchen. Dann bin ich aufbrausend, schlage gleichsam um mich und bin natürlich dabei ungerecht und vor allem – für die Mitarbeiter unberechenbar.

Also sah ich mich danach um, wie man das denn lernen könne, mit seiner Zeit besser umzugehen. Und siehe da, es wurde ein Kurs in Zeitmanagement angeboten. Heute selbstverständlich, für mich damals eine Neuheit. Zusammen mit einem guten Freund meldete ich mich an. In den beiden Tagen lernten wir sehr viel: Einschätzen der Zeit, die man für die einzelnen Arbeiten braucht, das Ordnen des Tagesablaufs, strikte Disziplin bei Planung und Durchführung, das Prioritätensetzen nach dem Eisenhower-Prinzip, schließlich das Erstellen eines eigenen Planers für jeden einzelnen Tag (Time-Tipps[13]). Ich habe vieles, was ich in diesem Seminar gelernt habe, herübergerettet in meinen Arbeitsalltag; am meisten bewundere ich aber meinen Freund Klaus, dem es bis heute gelungen ist, einen erfüllten Arbeitstag mit dem Eindruck eines ausgeglichenen und gelassenen Menschen in Einklang zu bringen. Was mich aber am tiefsten beeindruckt hat, war der Hinweis auf die verlorene Stunde. Der Zeitmanagement-Trainer forderte uns auf, jeden Tag eine halbe oder wenn möglich eine ganze Stunde einzuplanen, in der wir nichts Zielgerichtetes tun oder denken sollten. »Setzen Sie sich mit einem Glas Rotwein vor den Kamin. Schauen Sie ins prasselnde Feuer, und lassen Sie die Gedanken frei schweifen.« Diesen Satz habe ich noch wörtlich in meinen Ohren, wenn ich an den Kurs zurückdenke.

Er nannte die Stunde eine »verlorene«, weil sie in den Augen der auf restlose Zeitausnutzung versessenen Führungskräfte als solche eingeschätzt würde, wenn sie nicht mit Dingen vollgepfropft ist, die auf Erfolg und Gewinn ausgerichtet sind, die sich in Cent und Euro ausdrücken lassen.

Aber eigentlich müssten wir sie als eine gewonnene Stunde bezeichnen. Man gewinnt einen Zeitraum der Zweckfreiheit, der nicht ergebnisorientiert ist. Man erhält eine Zeitspanne, die Stress abbaut und ermöglicht, die Gedanken frei schweifen zu lassen. Man gönnt sich echte »Freizeit« – auch frei von dem Zwang, wieder irgendeinen Sport betreiben zu sollen oder sich mit einem Hobby zu beschäftigen. Einfach da sein und nichts tun. In dem berühmten Sketch »Feierabend« von Loriot wird die Schwierigkeit der emsig in der Küche arbeitenden Hausfrau mit ihrem Mann anschaulich dargestellt: Er will einfach nur dasitzen und nichts besonderes denken und machen; sie kann sich nicht vorstellen, dass das Spaß macht, und versucht, ihren Mann zum Spaziergang oder zum Lesen von Illustrierten zu animieren, bis dieser schließlich seine Ruhe verliert und sie aggressiv anschreit.

Wir kennen alle den Spruch »time is money« – Zeit ist Geld. Wir sind gewohnt, ihn so auszulegen, dass Zeit uns Geld einbringt. Aber wäre es nicht besser, ihn umzukehren und statt mehr Geld mehr Zeit zu investieren oder gar statt mehr Geld mehr Zeit haben zu wollen. Vor Jahren hat Christian Schütze in einem Aufsatz über den »teuren Rohstoff Zeit« nachgedacht. Wir verdienen immer mehr Geld, können uns deshalb immer mehr leisten. Wir verlieren gleichzeitig aber immer mehr Zeit, uns den einzelnen gekauften und erworbenen Gegenständen zu widmen. Obwohl wir immer mehr auf das Ziel einer Freizeitgesellschaft zugehen, haben wir im Endeffekt doch keine freie Zeit zur Verfügung. Im Gegenteil, diese Zeit müssen wir aufteilen auf Surfbrett,

Bohrmaschine, Stereoanlage, Tennisschläger, Tischtennisschläger, Krocketschläger, Squashschläger, Golfschläger und vieles mehr. Gäbe es nicht biologische Wanderschuhe und kostspielige Fotoausrüstungen, es würde kein Mensch mehr nur spazieren gehen und nur schauen.

Vor lauter Freizeitangeboten und Konsumgütern, zu deren Kauf wir umworben werden, müssen wir die Zeit sogar mehrfach ausnützen. Der Mensch von heute kauft sich keinen Mittelklassewagen, sondern behält seinen Kleinwagen, lässt sich aber ein Fernsehgerät einbauen. Er trinkt nach dem Abendessen, bei dem er Nachrichten gehört hat, brasilianischen Kaffee, raucht eine kubanische Zigarre, nippt an einem französischen Cognac, liest die *Financial Times,* hört sich ein Brandenburgisches Konzert an und unterhält seine amerikanische Frau – alles zur gleichen Zeit. Denn diese ist knapp und deshalb kostbar. Wir schauen deshalb mit unbewusster Sehnsucht auf den Reichtum an Zeit in armen Ländern. Da sitzen Menschen schwatzend oder dösend in der Sonne, scheinbar dem Dolcefarniente – dem süßen Nichtstun – hingegeben. Dass ihr Überfluss an Zeit ihnen aufgezwungen ist, dass sie in körperlichem und seelischem Elend leben, übersehen wir leicht, weil sie doch das so reichlich haben, was uns so bitter fehlt: Zeit.

Die Armen habe keine Uhren, aber viel Zeit. Wir besitzen verschiedene Armbanduhren, passend zum Outfit, und haben keine Zeit. Gern übersehen wir, dass die beiden Währungen Zeit und Geld nicht völlig frei konvertiert werden können. »Geld unterliegt im Laufe unseres Lebens der Inflation, der Wert der Zeit dagegen steigt. Wer rechtzeitig umwechselt, gewinnt.« (Christian Schütze, »Teurer Rohstoff Zeit«, Seite 125.)

Diese gewonnene Zeit in Gestalt der verlorenen Stunde – dies ist ihr Paradox – hat den Zweck, keinen unmittelbaren Zweck zu haben. Damit kommen wir in eine Kategorie des Religiösen. Religion hat auch den »Anwendernutzen«, einen leistungs- und zweckfreien Raum zu schaffen. Das verstehe ich auch unter dem alten, bedeutungsschweren Begriff der Erlösung.

Religion, zumal christlicher Glaube, muss zur Freiheit befreien, wie Paulus dies ausdrückt. Vielleicht ist dies mit ein Grund, warum sich viele Menschen der modernen westlichen Gesellschaften nicht nur von der Organisation Kirche, sondern auch von einem Glaubenssystem insgesamt abwenden, weil sie die Befürchtung haben, dort auch nur wieder vereinnahmt, verplant zu werden. Jesus warnt vor den Gesetzeslehrern, die den Menschen Lasten aufbürden, die sie kaum tragen können. Dabei sollen doch alle zu ihm kommen, die sich plagen und schwere Lasten zu tragen haben, denn sein Joch drückt nicht und seine Last ist leicht.

Eigenartigerweise haben aber trotzdem bestimmte Angebote der Kirchen und Religionsgemeinschaften, besonders der Klöster, regen Zulauf. Immer wenn dort Kurse zur Teilnahme am klösterlichen Leben oder zur Anleitung der Meditation, der Kontemplation, der Besinnung und Betrachtung angeboten werden, verspüren die Menschen ihre innere Sehnsucht nach diesen verlorenen Stunden der Versenkung und damit Verinnerlichung, die sie zu gewinnen hoffen. Dort kann man in stundenlangen Meditationseinheiten Zeit spürbar vergehen lassen und dabei ihren Gewinn erfahren. Gerade in den klösterlichen Tagesabläufen hat sich etwas vom antiken Ideal des otium, der Muße, erhalten. Mit der verlorenen Stunde kann ein wenig davon in den säkularen Alltag geholt und in der Muße Erholung gefunden werden. Das ist wahrer Luxus, Zeit mit Absicht dahingehen zu lassen und mit vordergründig sinnloser Beschäftigung zu vertreiben, die Kunst des Müßiggangs zu pflegen und wie in anderen Kulturen in den Tag hineinzuleben. Ein Wechselspiel zwischen erfüllter und leerer Zeit wird in Gang gesetzt.

Es geht darum, Räume der Leere zu schaffen oder sie hinzunehmen, um darin eine neue Fülle zu finden. Im Zusammenhang hiermit ist auch die verlorengegangene Fähigkeit zu sehen, auf etwas warten zu können. In der verlorenen Stunde können neue Gedanken gedacht und alte Erfahrungen verarbeitet, andere Gedanken aufgenommen und neue Erfahrungen gemacht werden. In der leeren Zeit gewinnt der Mensch Zeit und »hat Zeit« für sich und andere. Dieses Zeithaben befähigt, mit sich, mit Dingen, mit anderen in Aufmerksamkeit und Achtsamkeit umzugehen. Sie lehrt Geduld und hilft, den günstigen Zeitpunkt, den Kairos, abzuwarten. Es geht darum, sich selbst offenzuhalten für das, was kommt. Wilhelm Schmid zitiert Oscar Wilde, der die Heraufkunft jener purpurnen Stunden erwartete, um derentwillen allein es sich zu leben lohne: »Man kann sie diesem grauen, schleichenden Ding entreißen, das wir Zeit nennen.« Die antike Lebenskunstformel »carpe diem – pflücke den Tag, genieße den Tag« meint im Letzten die Haltung der Gelassenheit, jeden einzelnen Tag, jede Stunde als erfüllte Zeit anzusehen, ohne diese Möglichkeit einzufordern.

In meinem Buch *Finde das rechte Maß,* das ich mit Konrad Stadler zusammen verfasst habe, um die benediktinischen Ordensregeln für die Lebens- und Arbeitswelt von heute fruchtbar zu machen, wird ein Beispiel aufgeführt, wie man scheinbar verlorene in gewonnene Zeit umwandeln kann. Judith Witte ist Geschäftsfrau. Sehr oft sitzt sie im Zug auf dem Weg zu einem Termin. Natürlich könnte sie auf ihrem Laptop arbeiten, ein paar Tabellen tippen, aber richtiges Arbeiten ist das nicht. Genau genommen sind diese Zugfahrten und Flüge für sie verlorene Zeit – bis ihr eines Tages klarwird, dass diese Minuten und Stunden nicht nur ein Fahren von einem Punkt A nach einem Punkt B sind, sondern ein Teil ihres Lebens. Seitdem nutzt sie viel häufiger solche »Leerlaufzeiten« für sich zum Nachdenken. Der schwierige Termin an diesem Morgen mit einem Mitarbeiter in der Zentrale sitzt ihr zwar noch in den Knochen, aber sie ist erleichtert, die Aussprache endlich geführt zu haben. Judith Witte braucht die Zeit im Zug, um noch etwas »nachzudieseln«, wie sie es nennt, die Emotionen zu verarbeiten und einen Vorgang mit etwas Abstand zu betrachten und einzuordnen. Noch vor nicht allzu langer Zeit hat sie ein solches Gespräch einfach abgehakt und ist zur Tagesordnung übergegangen.

Wenn wir ehrlich sind, geht es vielen gestressten Menschen genauso; verräterisch sind aufgezwungene Wartezeiten, die oft zu aggressivem Um-sich-Schlagen und dem Herausstellen der eigenen Wichtigkeit führen, der kein Warten zuzumuten ist. Auch Staus auf der Autobahn sind sicher ärgerlich, aber was nutzt es denn, mich darüber aufzuregen, wenn ich mittendrin stecke? Ist es da nicht viel klüger, aus der unentrinnbaren Situation das Beste zu machen, emotional und mental »runterzufahren« und »bei sich einzukehren«, wie Papst Gregor I., »der Große«, die Grundhaltung Benedikts beschreibt?

Diese Haltung kann aber nur bewahrt und im Bedarfsfall aktiviert werden, wenn sie regelmäßig eingeübt wird. Deshalb erscheint es mir gerade für Menschen mit sehr engem Terminkalender als unerlässlich, für sich »Zeitinseln« zu finden oder zu schaffen, die möglichst täglich freigehalten werden. Es gibt ganz unterschiedliche Möglichkeiten, je nach eigener »Begabung«, womit man sich in diesen »Freizeiten« das kurzzeitige Aussteigen erleichtert. In meinem eigenen Leben gab es nur eine Phase, in der ich mich eine Zeitlang dauergestresst fühlte. Das war erstaunlicherweise, noch bevor ich Cellerar wurde. In meiner Kaplanszeit hatte ich mich dazu überreden lassen, auch kommissarisch die Stelle des Jugendpfarrers für die Münchener Innenstadtpfarreien zu übernehmen. Im Anfangseifer und mit meiner Veranlagung, schwer nein sagen zu können, war mir nicht bewusst, was das bedeutete. Es machte anfangs auch sehr viel Spaß, mit Jugendlichen zu arbeiten, die froh waren, endlich wieder einen eigenen jüngeren Seelsorger zu haben. Jeden Abend war ich in einer anderen Pfarrei, viele Gottesdienste, Gremiensitzungen, natürlich auch Partys wechselten sich ab. Gleichzeitig wollte ich in meinem Hang zum Perfektionismus natürlich auch der gute Mönch bleiben und bin jeden Tag zum Chorgebet um fünf Uhr früh aufgestanden.

Nach ein paar Jahren meldete sich der Körper und rebellierte gegen diese Dauerbeanspruchung. Ich bekam eine Gürtelrose. Meine damalige Ärztin stellte mich sofort ruhig und empfahl mir zusammen mit ihrer Therapie auch den Gang zum Psychologen. Dieser lehrte mich eine Methode, die Körper und Geist gleichermaßen entspannt, das Autogene Training, das ich seither vor allem in Situationen beginnenden Distresses anwende. Ansonsten habe ich mir aus meiner Klosterzeit die lectio divina herübergerettet. Benedikt verpflichtet in seiner Regel die Mönche neben der Arbeit und dem für sein Verständnis relativ kurzen gemeinsamen Gebet auch zur »lesenden Beschäftigung mit heiligen Dingen«. So kompliziert muss man leider diese griffigen lateinischen Worte übersetzen, um dem gerecht zu werden, was damit gemeint ist. Das Christentum ist eine Buchreligion, deshalb gehörte das Meditieren der Bibeltexte (das Wort »meditieren« bedeutet ursprünglich »auswendig lernen«) zum Grundbestand des Mönchtums. Die tägliche Lektüre der Bibel oder von Schriften der Kirchenväter oder anderer Mönchsgestalten ist eine tragende Säule in der inneren Formung der Klosterbrüder.

Ignatius von Loyola, der Gründer des Jesuitenordens, hat diese Form der Schriftbetrachtung in seinem Exerzitienbüchlein systematisiert und vervollkommnet. Seine »ignatianische Methode« besteht darin, zuerst den Text in drei Sinnabschnitte zu gliedern und sich dann in die Szene, die er schildert, hineinzuversetzen, sie sozusagen Abschnitt für Abschnitt wie ein Zuschauer mitzuerleben. Im abschließenden Gebet wird das Durchlebte in einen Dialog mit Gott überführt. Wenn möglich, zieht man aus der Meditation Schlüsse für sein Handeln oder Entscheiden.

Ich glaube, dass alle Menschen eine spirituelle Veranlagung haben, die sie aber oft nicht aktivieren. Spiritualität heißt hier für mich einfach die Haltung, sich auch dem eigenen Inneren, der eigenen Tiefe zuzuwenden und nicht nur immer nach außen gewendet an der Oberfläche zu agieren. Ich halte es für unerlässlich gerade für Menschen in Führungspositionen, von der Oberfläche immer wieder in die Tiefe einzutauchen – auf welche Weise auch immer.

Mein ganz konkreter Vorschlag, eine kleine Hilfe für den Alltag, ist: Suchen Sie sich einen Text aus, der Sie anspricht und mit dem Sie sich auseinandersetzen wollen. Aber es sollte auf keinen Fall etwas unmittelbar auf den beruflichen Alltag Bezogenes sein. Ich selbst habe mir in den letzten Jahren die Briefe des römischen Philosophen Seneca an seinen Freund Lucilius über Ethik *(Epistulae Morales)* vorgenommen. Neben meinem ganz persönlichen Vergnügen, nach langer Zeit wieder einmal ein sogar ziemlich leichtes klassisches Latein mit der beigefügten Übersetzung zu vergleichen, hat mir diese Lektüre auch meinen Horizont geweitet und mich die stoische Philosophie erst richtig verstehen lassen, aber auch viele Impulse für mein Denken und Arbeiten vermittelt. Es war jedes Mal eine gewonnene Zeit, die ich als erfüllt und erfüllend erlebt habe und die in mir immer wieder die Sehnsucht nach dem nächsten Mal gestärkt hat.

Spirituell begabte Menschen können sich natürlich auch den hohen Methoden der Schweigemeditation beziehungsweise dem japanischen Zen widmen oder wie der brasilianische Erfolgsautor Paulo Coelho der Kunst des Bogenschießens. Je nach seiner Eigenart wird jeder die ihm gemäße Art und Weise entdecken, wie er aus verloren scheinender Zeit hohen Gewinn erlangen kann.

- Entrümple deinen Geist!
- Dringe vor zum Wesentlichen!
- Geniesse das Glück der verlorenen Stunde!
- Sieh jeden Tag, jede Stunde als erfüllte Zeit an, ohne dies jedoch einzufordern!
- Schaffe dir Zeitinseln!
- Nimm dir regelmässig, möglichst täglich, einen herausfordernden Text vor!

Kapitel 18

Entrümple deinen Geist

In einer Zusammenschau aller bisher aufgeführten Lebensbereiche, in denen der Blick auf das Wesentliche verstellt wird beziehungsweise in denen es nötig und möglich ist, ihn erneut zu gewinnen, soll in diesem Abschlusskapitel der rote Faden noch einmal aufgenommen werden. Dabei ist weder eine Vollständigkeit der Lebensbereiche noch der Vorgehensweise zum Entrümpeln angestrebt. Es geht vielmehr um eigene Erfahrungen, die punktuell, vielleicht manchmal paradigmatisch verdeutlichen können, wo die Gefahr und ein möglicher Rettungsweg liegen könnten.

Ein Grundzug, der mir wichtig erscheint, ist eine der Errungenschaften der Moderne: die individuelle Freiheit. Die Aufklärung hat mit ihrer Herausführung des Menschen aus der selbstverschuldeten Unmündigkeit vor allem eine Freiheit des Denkens gemeint. Diese hat dann allmählich zur politischen Befreiung des Individuums im modernen demokratischen Staat geführt. Ein Mensch des einund zwanzigsten Jahrhunderts, der auf der Grundlage unserer westlichen Auffassung von Staat und Gesellschaft aufgewachsen ist, kann nicht anders, als immer sensibel zu reagieren, wenn diese Freiheit in irgendeiner Form gefährdet scheint. Dabei geht es gar nicht so sehr um Beschränkung allgemein menschlicher oder bürgerlicher Freiheiten durch eine staatliche oder kirchliche Obrigkeit, sondern auch um die Selbstvergessenheit vieler Menschen, die, oft ohne es zu bemerken, ihre Freiheiten in subtilen Formen von Abhängigkeiten aufgeben.

Ich habe das an mir in meiner Noviziatszeit im Kloster erstmals verspürt, als mein Magister, der Novizenmeister, mit mir die Benediktsregel durchging und wir das Thema Gehorsam behandelten. Bei seiner Formulierung »Der Abt befiehlt, und der Mönch gehorcht« stellten sich mir die Nackenhaare hoch. Um als Jünger der Achtundsechzigerbewegung zu gelten, bin ich ein paar Jahre zu jung, aber dennoch habe ich diese Infragestellung von unhinterfragter Autorität – eine Art zweiter Aufklärung, als welche diese Bewegung sich mir damals darstellte – als Teil meiner Lebensauffassung angesehen. Das Begriffspaar Befehl – Gehorsam klang für mich nicht nur verstaubt (Unter den Talaren – Muff von tausend Jahren), sondern auch unmittelbar bedrohend für meine Freiheit. Mein Magister, selbst noch vor dem Zweiten Weltkrieg geboren und in den fünfziger Jahren ins Kloster eingetreten, stand meinem Zweifel, dass die Begriffe nicht mehr zeitgemäß waren, nicht ganz verständnislos gegenüber, glaubte aber, die Autorität der Benediktsregel nur dadurch wahren zu können, indem er auf dem althergebrachten Wortlaut bestand.

Heute interpretiere ich den Gehorsam als aufmerksames Hinhören und die ausführende Tat als innerlich angenommene Weisung, weil sie wegen eines grundsätzlichen Vertrauensverhältnisses im Einzelnen nicht mehr hinterfragt werden muss. Vor nunmehr dreißig Jahren ist mir einfach bewusst geworden, wie sehr mich die Idee der individuellen Freiheit in meiner Erziehung im Elternhaus, in der Schule und in der kulturellen Wahrnehmung geprägt hat.

Diese Freiheit drückt sich in der Möglichkeit der Wahl aus, die uns in vielen Bereichen unseres Lebens gegeben ist. In der Postmoderne wird diese Wahlmöglichkeit aber oft als Problem erfahren. Der Mensch hat nicht nur eine Wahl, er erfährt sich zunehmend als zur Wahl verdammt. Man entkommt diesem Zwang nicht. Überall und zu allen Zeiten bin ich damit konfrontiert. Schon bevor ich mich morgens an meinen Schreibtisch im Büro setze, musste ich eine Unzahl von Ja-/Nein-Entscheidungen treffen. Wenn ich einkaufen gehe, stehe ich vor Regalen voll von ähnlichen Produkten, aus denen ich auswählen muss. Eine Unmenge von Informations- und Unterhaltungsmedien steht zur Verfügung, sei es das Internet oder das Fernsehprogramm. Bei der ungeheuer großen Zahl von Möglichkeiten im Internet müssen mir Suchmaschinen helfen, die eine Vorauswahl treffen. Seit neuestem gibt es nicht mehr nur einen Bildschirm an der Wand, sondern mehrere, die verschiedene Programme gleichzeitig nebeneinander zur Verfügung stellen. Man kann diese Erscheinungen als Hilfen ansehen, die einem die Fülle der Wahlmöglichkeiten erleichtern, oder als Gefährdungen, die uns die Wahlfreiheit zu nehmen drohen.

Ich glaube, dass wir schleichend und unmerklich, oft aus Bequemlichkeit, uns selbst der individuellen Freiheiten begeben – nicht so sehr der großen Freiheiten in Politik und Gesellschaft, sondern der vielen kleinen in unserem Denken und Tun im Alltag. Vor lauter Bäumen sehen wir den Wald nicht mehr. Die Fülle verwirrt. Und wir lassen es dann lieber überhaupt sein, statt eine gezielte, vor dem Selbst verantwortete Auswahl zu treffen. Das ist auch abzulesen an der schwindenden Beteiligung bei politischen Wahlen. Aus dieser geistigen Untätigkeit entsteht eine allmähliche Unschärfe in der Wahrnehmung, ein Vollstellen unseres Geistes mit unnötigem Gerümpel, ein Zumüllen unserer seelischen und intellektuellen Innenräume.

Primär geht es darum, das Wesentliche zu entdecken, indem ich mich bewusst für ein wahrhaftiges Leben in Freiheit entscheide. Dies ist aber nur möglich, wenn ich mir einen klaren Blick bewahre oder verschaffe. Daher das Programm: Entrümple deinen Geist!

Dieses Programm sollte heruntergebrochen werden auf einige Lebensbereiche, die zugegebenermaßen subjektiv ausgewählt sind, aber hoffentlich dennoch wichtige Erfahrungsbereiche vieler Menschen berühren.

Eine Wahl in Freiheit, eine Entscheidung in Verantwortung kann ich nur von einem festen Standpunkt aus treffen. Ich muss mich selbst zuerst suchen, erkennen und finden. Wo bin ich verortet in dieser Welt? Es ist die Frage nach der inneren und äußeren Stabilität vor dem Hintergrund einer immer mehr geforderten und denkbaren Flexibilität und Mobilität. Wie ist es möglich, Ruhe zu finden inmitten der uns umbrandenden Ruhelosigkeit, wie die Mitte innerhalb so vieler Peripherien? Es ist die Frage nach dem unterscheidend Menschlichen in den vielfachen Erscheinungen dieser Welt – wozu Reflexionsfähigkeit, kulturelle Entwicklung, Transzendenzerfahrung und Kontingenzbewältigung gehören, also Bereiche, die in Religion und Philosophie behandelt werden, die beide ganz grundlegend und existenziell zum humanen Erbe gehören.

Die große Frage, die von vielen Menschen nicht gestellt, geschweige denn beantwortet wird, ist die Frage nach dem Ich, nach der Individualität, dem Eigenen der Person. Wie steht sie für sich, wie ist sie eingebunden in die Gesamtheit der Menschen, der Welt, der Schöpfung? Wie kann man zu sich stehen und doch Verantwortung für andere und anderes übernehmen?

Die Beziehung zu den Mitgeschöpfen ist uns als Aufgabe gegeben. Ist der Mensch dem Menschen ein Wolf oder ein Mensch? Finden wir Erfüllung im Helfen und Einanderbeistehen, oder ist uns das Kümmern um andere eher lästig? Was bedeutet das Hauptgebot des Christentums: Liebe deinen Nächsten wie dich selbst? Ist es förderlich oder hinderlich bei der Entfaltung des eigenen Selbst? Die Freundschaft ist eine der wichtigsten Formen menschlicher Kultur im Aufbau sozialer Beziehungen. Die Alten haben ihr Lob in den höchsten Tönen gesungen.

Die Beziehung zu den Dingen spielt eine große Rolle. Beherrschen wir sie, oder machen sie uns abhängig? Was versklavt uns? Was brauchen wir wirklich? Was ist notwendig? Gibt es Methoden, mit den Dingen umzugehen? Eine könnte die Haltung sein, »haben, als hätte man nicht«, wie sie der Apostel Paulus vertritt. Sie lässt den Nutzen der Dinge zu, hält aber Distanz zu ihnen.

Eine andere Methode besteht darin, sich immer wieder der eigenen Vergänglichkeit bewusst zu werden. Wir bleiben nicht ewig auf dieser Welt. Wir wissen, dass wir nichts mitnehmen können, wenn wir sie verlassen müssen. Woran hängt das Herz? »Wo mein Schatz ist, ist auch mein Herz«, sagt Jesus. Die Meditation des eigenen Todes – abgesehen vom Glauben an ein Weiterleben im Jenseits – macht die

Verantwortung bewusst, dieses Leben erfüllt zu leben, ein »gutes« Leben zu führen. Eine Formel dafür drängt sich auf: Handle stets so, dass dein Tun und Lassen unter dem Aspekt der Ewigkeit Bestand hat!

Der verantwortungsvolle und freudebereitende Umgang mit dem knappen Gut der Zeit ist ein wichtiges Thema der Lebenskunst. Kann ich den Kairos, den günstigen Augenblick, im Fluss der Zeit ergreifen, wie erkenne ich ihn? Die Klugheit als die erste der vier Kardinaltugenden ist gefordert beim Handeln im rechten Augenblick.

Eine Fülle von Informationen prasselt auf den Menschen im Zeitalter der Globalisierung ein und entpuppt sich als mächtiger Zeitdieb. Wie können sie gefiltert und so nützliche von überflüssigen Informationen unterschieden werden?

Was ist wichtig für eine Kultur des Lebenwissens?

Viele Menschen sind geprägt von Hektik und Stress. Sie glauben, die Zeit verrinnt ihnen zwischen den Fingern. Wir haben verlernt zu warten und Zeit einfach »vergehen« zu lassen. Wir müssen uns Zeitinseln schaffen im Meer der Zeit, die gemeinsamen Ruhe- und Freizeiten der Gesellschaft als Ressourcen der Erholung wiederentdecken. Es muss offensichtlich freie, nicht zweckgebundene Zeiten geben, damit wir zu uns selbst kommen können. Tägliche Momente des kurzzeitigen Ausstiegs aus dem Hamsterrad helfen beim Atemholen im Fluss des Lebens. Wir brauchen Rückzugsmöglichkeiten aus dem Beruf und aus der Partnerschaft, um wieder neu die Freude daran zu entdecken.

Als verloren angesehene Zeit wird zur gewonnenen Zeit umfunktioniert, indem wir sie füllen mit Betrachtung, Meditation, Stillwerden, Wartenlernen, Beschäftigung mit anspruchsvollen Texten.

Der religiöse Glaube ist zweckfreier Raum, frei auch vom Leistungsdenken, das unsere Arbeitswelt so sehr prägt. Wie kann (christlicher) Glaube vom heutigen Menschen dennoch als hilfreich für sein Leben erfahren werden? Glaube, weniger verstanden als Glaube an Inhalte, vielmehr als Vertrauen auf eine personale Beziehung, zerstreut die Verstörung des modernen Menschen durch die Institutionalisierung des Glaubenssystems in der Kirche. Nächstenliebe und Erniedrigung Gottes im Bild der Menschwerdung sind Zugänge zu christlicher Überzeugung für Menschen unserer Tage.

Das Tun des Guten braucht Vorbilder, Menschen, die nicht zuerst an den Marktwert ihrer Wohltätigkeit denken, sondern um Gottes und ihrer Nächsten willen Taten der Liebe ausüben.

Gelassenheit, wie sie in der Philosophie der Stoiker gelehrt und gelebt wird, gepaart mit den religiösen Tugenden von Mitleid und Erbarmen, wie sie durch die christliche und buddhistische Religion angemahnt werden, Einfachheit in Verbindung mit dem Bewusstsein eines qualitätvoll geführten Lebens zusammen mit der Kunst der Bescheidenheit führen zu einer Reduktion auf das Wesentliche.

Bei den vielen Wahlmöglichkeiten für unsere Entscheidungen und Handlungen brauchen wir die Kunst, Prioritäten zu finden und zu setzen. Welche Wertesysteme prägen unsere Vorentscheidungen?

Bei der Suche nach dem Wesentlichen helfen Philosophie und Religion. Unser Kulturkreis ist geprägt von der Tradition des Christentums in Verbindung mit der griechischen und römischen Philosophie. In der Geschichte des Christentums, in den verschiedenen Strömungen der

Theologie und der Kirchenreformen wurde immer wieder die Legitimität dieser Verbindung angezweifelt. Der reine Glaube, nur die Bibel, sie sollten alleinige Quelle der Glaubenserkenntnis sein. Gerade Papst Benedikt XVI. predigt die Vereinbarkeit von Glaube und Vernunft, ja, er beschwört geradezu die Notwendigkeit einer Zusammenschau. Religion braucht vernünftige Durchdringung und Darstellung ihrer Inhalte genauso wie die Vernunft; heute tritt sie wohl am häufigsten im Rahmen des Wissenschaftsbetriebes auf und stößt immer wieder an ihre Grenzen. Erst diese Verbindung von Christentum und Philosophie, von Glaube und Vernunft hat die historisch-kritische und naturwissenschaftlich-empirische Einstellung ermöglicht, die unser Denken seit Jahrhunderten beeinflusst. Nur sie hat das hervorgerufen, was wir in Europa die Aufklärung bezeichnen. In Christentum und Philosophie liegt die Emanzipation des Menschen von Göttern und Geistern begründet, die Entzauberung der Welt, die Entmythologisierung des Denkens, die Hinterfragung des von jeher schon Gewussten und Bekannten. Ein einziges Prinzip hat alle Erscheinungen dieser Welt ins Dasein gerufen. Darauf konnten sich die Weisheitsfreunde (Philosophen) und die Gottesredner (Theologen) wohl schon immer einigen.

Mit den Bildern der Glaubenswelt und dem gedanklichen Durchdringen der Welt, in der wir leben, haben wir das unserer Kultur gemäße Handwerkszeug, das uns befähigt, aufzuräumen in den Sphären unseres Geistes, in denen sich, bedingt durch kollektives und individuelles Vergessen, immer wieder das Gerümpel der Zivilisation ansammelt.

Neben dieser mehr intellektuellen Beeinflussung durch Forschung und Lehre der Theologie haben aber besonders die Klöster durch ihr Leben und Beispiel das christliche Europa geformt. Über Jahrhunderte hindurch war es allein die Benediktsregel, die noch vor dem Regelwerk des heiligen Augustinus und dem Armutsideal des Franz von Assisi die Einstellung zum Verhältnis von Arbeit und Leben im Vergleich zur Antike maßgeblich verändert hat. Sie war und ist ein hervorragendes Organisationshandbuch für zielorientierte Institutionen oder Unternehmen und wurde von ihrem Verfasser schon immer auch den Menschen außerhalb der Klöster für ihr Leben und Arbeiten in die Hand gegeben. »Wer immer du bist, nimm diese einfache Regel als Anfang«, schreibt Benedikt in ihrem letzten Kapitel.

Ganz frei von Einflüssen anderer Kulturen und Religionen war das Abendland nie. Die uralte Religion des Buddhismus hat schon griechische Vorstellungen vom Jenseits und Weiterleben nach dem Tode mit geprägt; seit dem neunzehnten Jahrhundert beginnt sie auch in ihrer intellektuellen Reinform als atheistische Religion für die Menschen des westlichen Kulturraums attraktiv zu werden. Auch der Buddhismus ist ein von der asiatischen Philosophie geprägtes Glaubens- und Ethiksystem, gehört es doch für seine Mönche zur täglichen Übung, sich im argumentativen Wettstreit zu messen.

Im Hochmittelalter ist die Erschütterung des abendländischen Denkens durch die Begegnung mit dem jungen und mächtig auftretenden Islam nicht hoch genug einzuschätzen. Der Islam tritt als die vernunftgemäßere monotheistische Religion auf, kennt er doch keine schwer zu erklärenden und verstehbaren Dogmen wie etwa das christliche Grundbekenntnis zur göttlichen Dreifaltigkeit.

In der Philosophie ist es vor allem Sokrates, der seine Athener Mitbürger immer von neuem zum Wesentlichen zurückzuführen versucht. Seine Schüler Plato und Aristoteles systematisieren dessen Meisterschaft, die Menschen durch gezieltes Fragen selbst zu ihren Einsichten kommen zu lassen. Nach ihnen entwickeln sich vier berühmte Philosophenschulen, denen es neben Welterkenntnis vor allem um verschiedene Zugänge zum Eudämonismus geht, zur Kunst, ein erfülltes Leben zu führen. Neben den Skeptikern und den Kynikern sind es vorrangig Epikur und die Schule der Stoa, die immer wieder neu zu hebende Schätze der Lebenskunst bereithalten. Auf ihnen aufbauend, haben Denker aller Zeiten und Länder jeweils neu ihren Lebensumständen und den gewonnenen Erkenntnissen und technischen Fähigkeiten entsprechend sich bemüht, zum Wesentlichen vorzudringen, indem sie nach den Grundlagen des menschlichen Daseins fragten und Hilfen für seine Bewältigung gaben.

- ENTRÜMPLE DEINEN GEIST!
- DRINGE VOR ZUM WESENTLICHEN!
- FINDE DICH SELBST!
- TUE GUTES, HILF ANDEREN!
- ENTDECKE DAS GLÜCK IM EINFACHEN!

Anmerkungen

1 Benedikt von Nursia, geboren vermutlich 480 im heutigen Norcia in Umbrien, gestorben zwischen 547 und 560 an einem 21. März. Nach dem abgebrochenen Studium in Rom lebte er drei Jahre als Einsiedler in Subiaco, ehe er von Mönchen eines nahe gelegenen Klosters zum Abt gewählt wurde. Schließlich gründete er um 529 ein eigenes Kloster auf dem Montecassino zwischen Rom und Neapel, für das er seine Klosterregel verfasste. Diese erhielt erst im Karolingerreich allgemeine Geltung und beeinflusste dadurch seit dem Mittelalter das abendländische Arbeitsethos. Ihr geistlicher Gehalt wird mit den Worten »ora et labora – bete und arbeite« zusammengefasst. Benedikt wird als Patron Europas verehrt.

2 In seiner Dankesrede zur Verleihung des Friedenspreises des deutschen Buchhandels im Oktober 2001 bezeichnete sich der Philosoph Jürgen Habermas als »religiös unmusikalisch«. Er verwendete dabei einen Ausdruck, den schon der Soziologe Max Weber gebraucht hatte. Er wollte damit sagen, dass er selbst keine religiöse Begabung habe.

3 Seit der Antike werden unter »Tugend« unbedingt anzustrebende Haltungen für ein gelingendes Leben verstanden. Die vier klassischen Tugenden Klugheit, Gerechtigkeit, Starkmut und rechtes Maß gelten als Kardinaltugenden, das heißt Haupttugenden. Daneben gibt es in der christlichen Überlieferung noch die drei »göttlichen« Tugenden Glaube, Hoffnung und Liebe.

4 Ursprünglich Keller- und Küchenmeister, ist Cellerar in der Benediktsregel die Bezeichnung für den Wirtschaftsverwalter eines Klosters.

5 Besuch eines katholischen Geistlichen bei einem Sterbenden, um diesen mit den Sterbesakramenten (Krankensalbung, Beichte, Kommunion) zu versehen.

6 Letzte gemeinsame Gebetszeit der Stundenliturgie in einem Kloster oder im Stundengebet eines Geistlichen vor der Nachtruhe. Sie beschließt (lat.: complet) den Tageslauf.

7 An der Kathedralkirche eines Bischofs (Dom) besteht in der Regel eine Gemeinschaft (Kapitel) von meist zwölf Geistlichen, die das Stundengebet miteinander verrichten sollen und an der Leitung des Bistums beteiligt sind.

8 Der Dekan steht einer Gruppe von circa zehn (lat.: decem) Mitarbeitern oder Untereinheiten vor. In den Universitäten leitet er einen Fachbereich (Fakultät), in der Kirche bildet eine Gruppe von mehreren Pfarreien ein Dekanat. Der Dekan hat unter anderem die Aufgabe, die Seelsorgearbeit in seinem Gebiet zu koordinieren und die Gemeinschaft der Pfarrer zu fördern.

9 Für Martin Luther die wichtigste Entdeckung seiner persönlichen und theologischen Entwicklung: Der gläubige Christ ist allein durch die Liebe Gottes zum Menschen, die in Christus erfahrbar wird, vor Gott gerechtfertigt. Dazu braucht es keine Verdienste, Opferleistungen, Vermittlung durch Menschen. Die Rechtfertigungslehre ist bis heute der Kern des evangelischen Bekenntnisses, inzwischen aber kein Grund mehr für die Trennung der Kirchen.

10 Im Gegensatz zu dem Wort orthodox, das rechtgläubig bedeutet, bezeichnet heterodox eine von der offiziellen Lehre der Kirche abweichende Meinung.

11 In der Bergpredigt des Matthäusevangeliums zitiert Jesus einen Satz des Alten Testaments: »Alles, was ihr von anderen erwartet, das tut auch ihnen!« (Positive Fassung) Er fügt hinzu: »Darin besteht das Gesetz und die Propheten.« Der Spruch drückt eine Lebenserfahrung aus, die den Menschen unterschiedlichster Kulturen geläufig, da unmittelbar einsichtig ist. Seit dem 18. Jahrhundert wird er als Goldene Regel bezeichnet. Es gibt auch die sogenannte negative Fassung: »Was du nicht willst, das man dir tu, das füg auch keinem anderen zu!«

12 Die erste Messfeier, der ein neugeweihter katholischer Priester vorsteht, wird als seine Primiz (lat.: primitiae, Erstlingsopfer) bezeichnet. Zur Erinnerung daran werden Andenkenzettel mit einem religiösen Bildmotiv, einem geistlichen Spruch und dem Foto des »Primizianten« verteilt.

13 Manche Zeitmanagement-Trainer empfehlen, für jeden Tag ein eigenes Blatt anzulegen mit einem Stundenplan, auf dem die Termine, die »verlorene« Stunde, und einem Aufgabenblock, auf dem auch die Telefonate mit ihren jeweiligen Prioritäten (A, B, C) verzeichnet sind. Dieser Time-Tipp kann sehr individuell gestaltet werden.

Literatur und Quellen

Angelus Silesius, *Cherubinischer Wandersmann*, Stuttgart 1995

Benedikt von Nursia, *Die Regel des heiligen Benedikt*, Beuron 1990

Cicero, *Gespräche in Tusculum*, Ditzingen 1995

Clairvaux, Bernhard von, *Was ein Papst erwägen muss*, Einsiedeln 1985

Dalai Lama, *Mitgefühl und Weisheit*, Zürich 2004

Deissler, Alfons, *Ich bin dein Gott, der dich befreit hat*, Freiburg 2006

Enzensberger, Hans Magnus, »Von der Ware Luxus zum wahren Luxus«, *Der Spiegel*, Nr. 51, 16.12.1996

Epiktet, *Handbüchlein der Moral*, Stuttgart 1984

Epikur, *Wege zum Glück*, Düsseldorf/Zürich 2003

Euringer, Martin, *Epikur*, Stuttgart 2003

Guardini, Romano, *Tugenden*, Mainz 1987

Hirschberger, Johannes, *Geschichte der Philosophie*, Freiburg 1980

Marc Aurel, *Selbstbetrachtungen*, Stuttgart 1995

Meister Eckehart, *Deutsche Predigten und Traktate*, Zürich 1979

Pieper, Josef, *Das Viergespann*, München 1964

–, *lieben hoffen glauben*, München 1986

Schmid, Wilhelm, *Philosophie der Lebenskunst*, Frankfurt 1998

Schütze, Christian, »Teurer Rohstoff Zeit«, *Süddeutsche Zeitung*, Nr. 99, 30.4.1982

Seneca, *De vita beata*, Stuttgart 2005

–, *Epistulae morales ad Lucilium*, Stuttgart 2002

Vattimo, Gianni, *Glauben – Philosophieren*, Stuttgart 1997

Bernhard Moestl

Shaolin

Du musst nicht kämpfen, um zu siegen

Mit der Kraft des Denkens zu Ruhe, Klarheit und innerer Stärke

Wie schön wäre es, eine Gehaltsforderung künftig entschlossen und souverän begründen zu können; in einem Streit gelassen zu bleiben und trotzdem die eigene Position überzeugend zu vertreten. Jeder Mensch verfügt über die innere Kraft dafür. Er muss sie nur aufspüren und sinnvoll einsetzen. Die wahren Meister in dieser Kunst sind die legendären Shaolin Mönche. Sie verstehen es, mit Hilfe bestimmter Prinzipien die Kraft ihrer Gedanken so zu bündeln, dass sie jedes Ziel – ob mental oder körperlich – erreichen. Der ehemalige Shaolin-Schüler Bernhard Moestl enthüllt in diesem Buch die zwölf wertvollsten Shaolin Prinzipien. Er erklärt ihre praktische Bedeutung und Umsetzung im Alltag.

Knaur Taschenbuch Verlag